Rudolf Elcho

Wilde Fahrten

Erinnerungsblätter aus dem Amerikanischen Bürgerkrieg

Rudolf Elcho

Wilde Fahrten

Erinnerungsblätter aus dem Amerikanischen Bürgerkrieg

ISBN/EAN: 9783743300217

Hergestellt in Europa, USA, Kanada, Australien, Japan

Cover: Foto ©ninafisch / pixelio.de

Manufactured and distributed by brebook publishing software
(www.brebook.com)

Rudolf Elcho

Wilde Fahrten

Wilde Fahrten.

Erinnerungsblätter aus dem amerikanischen Bürgerkriege

von

R. Elcho.

Vierter Band.

Hannover.

Carl Rümpler.

1872.

Druck von Wilh. Riemschneider. Hannover.

Inhalt.

———

Vicksburg.

Am Tage unseres Abmarsches von Memphis erwachte die warme Junisonne zu spät im Osten, denn als ihre glänzenden Strahlen durch das grüne Laubdach der Schwarzeichen brachen, stand unsere Compagnie bereits gerüstet am Ausgang des Lagers. Des Generals Züge überflog ein Lächeln der Befriedigung, als er unsere Reihen musternd an sich vorüberdefiliren ließ. Auf stolzen Pferden saßen über 80 starke Wisconsin= bauern, deren Glieder von Kraft und Gesund= heit strotzten. Wenige Generale der Vereinig= ten=Staaten=Armee hatten über eine so prächtige Leibgarde zu verfügen. Ein Mann nur wurde vermißt: es war der lange Hetzel. Als wir an's Mississippi=Ufer kamen, stand sein Pferd dicht am Uferrand und nagte an einem großen Heuballen; in der Seitentasche des verlassenen

Thieres stak ein Zettel mit der lakonischen Mel=
dung: „Vicksburg paßt mir nicht." Hetzel war
in der Nacht desertirt — er wurde später ein=
gefangen und bei einem wiederholten Flucht=
versuch erschossen; ob ihm das besser paßte, wage
ich kaum zu entscheiden.

Die Sunny South trug uns auf den leh=
migen Fluten des Stroms dem Süden zu.
Dieser Dampfer hatte eine stark ramponirte
Außenseite und schien öfter schon mit stärkeren
Booten carambolirt zu haben. Auf unserer
Fahrt nach Vicksburg begegnete ihm das weitere
Unglück, daß er einer, an den stillen Ufern ver=
steckten Guerillabande in die Quere kam, welche
ein kleines Feldgeschütz bei sich führte. Rosen
und ich promenirten gerade im Salon auf und
nieder, während an den Tischen einige Gruppen
von Soldaten saßen und standen, um sich durch
Kartenspiel die Zeit zu vertreiben. Plötzlich
dröhnte ein Schuß vom Ufer herüber und mit
einem furchtbaren Krach schlug eine Vollkugel
durch die Bretterwand der Cajüte, surrte über
die Köpfe der Spieler weg, durchbrach die gegen=
überliegende Cajütenwand und fiel matt in's

Waffer. Diese Kugel beschädigte nur das Schiff, allein die Gruppen der sorglosen Spieler wurden, wie durch eine Explosion umgeworfen: ein großer Theil derselben fiel auf den Rücken, andere sprangen, wie von der Tarantel gestochen, zur Seite; nur Marx behielt ruhig sein Spiel in der Hand und blickte mit der größten Seelenruhe auf das Loch in der Cajütenwand.

Rosen und ich eilten auf Deck und betrachteten die Ufer, welche im Schein der Abendsonne ruhig und friedlich vor uns lagen; nur eine leichte Rauchwolke, welche durch das Laubwerk des Waldsaumes brach, verrieth die Stelle, wo das Geschütz verborgen lag. Wenige Minuten später kam ein Kanonenboot stromaufwärts und sandte einige Kugeln in den Wald; ob diese ihr Ziel erreichten, konnten wir nicht unterscheiden. Später legte sich das Kanonenboot dicht an unsere Seite und beide Schiffe warfen im Strom Anker. Eine Plantage mit prächtigem Herrenhause, und umgeben von blühenden Gärten, lag am Ufer. Diese Besitzung machte an dem stillen Strom, inmitten des unermeßlichen Waldes, einen recht fried-

lichen Eindruck — man vermuthete faſt unwill=
kührlich, es müſſe recht viel Glück und Wohl=
behagen in dieſem ſtillen Landhauſe wohnen
und verſpürte eine Anwandlung von Neid um
den Beſitz der freien, ſchönen Heimat. — Meine
Betrachtungen nahmen einen trüben Charakter
an, und es überkam mich ein ſchmerzliches Ge=
fühl der Reue, wenn ich an die ſchönen Sum=
men dachte, welche ich auf der Rennbahn ge=
wonnen und ebenſoſchnell wieder verloren hatte.
Außer den 400 Dollars, welche ich von Wis=
conſin aus nach New=York geſandt hatte, trug
ich nur noch 250 Dollars in meiner Taſche —
über 1800 Dollars waren in der kurzen Zeit
flöten gegangen; hätte ich dieſe Summe auf die
Bank geſandt, ſo war nach Beendigung des
Krieges meine Exiſtenz geſichert. Welch eine
Prachtfarm hätte ich damals in den jungen
Staaten des Weſtens: Minneſota, Jowa oder
Nebraska für 2000 Dollars erwerben können!
Virginie hätte mich in der Bewirthſchaftung
derſelben unterrichtet und eine ſorgloſe, heitere
Zukunft war gewonnen. Zu ſpät! Ich mußte
ihn weiter wandern den Weg des heimatloſen

Abenteurers und im Gewirr der Ereignisse
wurde ich rastlos fortgetrieben, wie ein Schiff
ohne Steuer; vergebens reckte ich die Arme aus
nach mancher duftigen blühenden Uferstelle —
nur einige wilde Blumen konnte ich erhaschen,
dann zog der Strom mich fort an felsige Küsten,
brennend heiß, schattenlos und versandet, und
hier wurde ich festgehalten und litt die Qualen
des Tantalus, bis endlich eine neue Welle mich
befreite und mein Fahrzeug weiter trieb leck
und schiffbrüchig, und mein Auge die Stelle
suchte, wo es stranden mußte.

Die ramponirte Sunny South wand den
Anker wieder auf und steuerte, von dem Ka=
nonenboot begleitet, nach Süden weiter. An
dem darauf folgenden Abend endlich bog sie in
die Mündung der Yazoo River ein, an dessen
sumpfigen, öden Ufern im Nordosten von Vicks=
burg wir in dunkler Nacht ausgeschifft wurden.

Drei Tage lagerten wir am Rande dieses
Flusses, dessen Quellen in Lagunen und übel=
riechenden Sümpfen zu suchen sind. Wir spür=
ten bald, daß unser Lagerplatz sehr schlecht ge=
wählt sei, denn schon nach den ersten beiden

Nächten erkrankten einige von unsern Leuten am Fieber. Unsere Freude, daß das Lager, dicht am Ufer des Flusses eine gute Gelegenheit zum Baden biete, sollte gleichfalls am ersten Tage schon getrübt werden. Ich hatte nämlich den Fluß durchschwommen und während meine Kameraden auf der Uferbank ihre Waffen putzten und meine Ausdauer im Schwimmen bewunderten, trat ich den Rückzug an. Schon hatte ich die Mitte des Flusses glücklich hinter mir, als ich 40 Schritte unterhalb einen Holzklotz langsam auf mich zukommen sah; noch wunderte ich mich, daß ein Baumstamm zu Berg treibe, als mein Freund Rosen am Ufer, wie ein Wahnsinniger zu schreien und zu gestikuliren begann. Argwöhnisch gemacht, blickte ich genauer nach dem schwimmenden Gegenstand und entdeckte in dem sonderbaren Treibholz zwei hervorquellende Augen; in demselben Augenblick belebte sich das Ufer und meine Kameraden brüllten: ein Alligator, ein Alligator! Es überrieselte mich eine Gänsehaut. Mit der Kraft der Verzweiflung holte ich aus und wie ein Ruderboot flog ich vorwärts. Jetzt krachten

vom Ufer her einige Schüsse und als ich athem=
los, keuchend und zitternd vor Schreck an's Land
sprang, sah ich, wie die Bestie langsam zu Thal
trieb. Seit dem Tage badete kein Mensch mehr
in dem übelriechenden Gewässer. Mitte Juni
änderten wir unsern Lagerplatz und zogen auf
die Höhen von Haines und Snyders Bluff.
Diese Punkte waren im vergangenen Jahre von
den Rebellen stark befestigt und gut vertheidigt
worden. Es war eine schwere, blutige Arbeit,
dieselben zu nehmen, und das Verdienst hierfür
gebührt dem General Sherman, welcher durch
rasche und mit seltener Bravour ausgeführte
Bajonnetangriffe die Höhen säubern ließ und
so die schwerste Vorarbeit that, deren Früchte
Grant später genießen sollte. Sherman fiel in
diesem Kriege überhaupt die Rolle. des Gracchus
zu, während vom Schicksal dem General Grant
die dankbarere Partie des Pompejus in die
Hand gedrückt wurde. Sherman's Marsch durch
Tennessee und Alabama schnitt die Hydra der
Revolution in Stücke, in Folge dessen fiel Rich=
mond, Lee's Armee streckte die Waffen und
Grant erhielt den Kranz des Siegers.

„Wer angelangt am Ziel ist, wird gekrönt,
Und oft entbehrt ein Würdiger die Krone."

Unsere Zelte auf den Höhen von Snyders
Bluff waren der glühendsten Sonnenhitze aus=
gesetzt, kein Baum, kein Strauch beschattete diese
Hügel und in der Ferne breitete sich nördlich
und östlich vom Yazoo River ein unabsehbarer
Wald aus. Eine Armee von etwa 12,000 Mann
hielt die kahlen Höhen besetzt und diese ganze
Mannschaft schöpfte ihr Trinkwasser aus einer
einzigen Quelle. Hier lernten wir die Qualen
des Durstes kennen. O, welche Marter erlebten
wir da! Wie oft zahlten wir einen Dollar
für ein kleines Blechgeschirr voll Quellwasser,
das nicht einmal recht kühl war. In dem sonn=
verbrannten, versengten Lande gab es keinen
frischen Trunk. Die Preise für Erfrischungen
anderer Art erreichten eine fabelhafte Höhe. Eine
Citrone kostete in der Regel einen Dollar, eine
Flasche des schlechtesten Clarets fünf bis acht
Dollars und so fort. — Acht Tage lang hatten
die unbarmherzigen Sonnenstrahlen unsere Haut
versengt, ohne daß wir unsern Lagerplatz ver=
lassen durften; während dieser Zeit beherbergte

die Compagnie einen Fremden, über dessen Cha=
rakter wir lange im Unklaren blieben; er em=
pfing seine Portionen wie ein Soldat, hatte
stets ein Pferd zur Verfügung und trug die
Kleider eines südlichen Pflanzers. Das Lager
betrat und verließ er, wann es ihm beliebte; er
wußte stets die Losung und besaß einen Gene=
ralpaß von Grant eigenhändig unterzeichnet.
Es war ein Mann, vielleicht im Alter von
36 Jahren, allein sein Gesicht war gefurcht und
beweglich, wie das eines alten Komikers; seine
Statur war untersetzt, seine Bewegungen sehr
agil und nicht ohne Grazie. Er nannte sich
Bob Higgs. Eines Abends ritt er mit Marx
und mir zur Tränke; unterwegs überfiel den
sonst so einsilbigen Menschen eine so tolle Laune,
daß wir beide vor Erstaunen und Verwunderung
sprachlos wurden. Der fremde Reiter in unsrer
Mitte gab uns plötzlich eine kleine Farce zum
Besten, in welcher er ein betrunkenes irisches
Ehepaar dialogisirend darstellte, wie es auf
einem Pferde reitend, in dunkler Nacht an einen
Kreuzweg gelangt und dort wegen Meinungs=
verschiedenheit über den richtigen Weg in Streit

geräth. Bob Higgs imitirte die Stimmen, den Dialekt, die Bewegungen der zankenden Irländer so wunderbar täuschend, daß wir allmälig aus dem Staunen in ein erschütterndes Lachen geriethen, von dem wir uns erst erholten, als Bob rücklings vom Pferde stürzend, auf die Beine zu stehen kam. „Sie sind Komiker oder Kunstreiter!" sagte ich nach einer Weile zu Higgs, als dieser von hinten auf's Pferd voltigirt war.

„Warum nicht lieber beides zugleich?" erwiderte Higgs und bewahrte dann bis zu unserer Rückkehr in's Lager sein gewohntes mürrisches Schweigen. Tags darauf war er aus unserm Lager verschwunden.

General W. wurde in's Hauptquartier beordert und Adjutant Morgan gestattete, daß ich mich dem Gefolge desselben anschloß. Die Sonne hatte noch nie so heiß geschienen, als an diesem Tage. Der Ritt über die staubigen, ausgefahrenen Wege, durch sumpfige Niederungen, über denen die Atmosphäre der Gluthitze eines Backofens gleich kam, erschöpfte bald Menschen und Thiere. Unsere Zunge lechzte nach einem

Tropfen Wasser, der Kopf glühte und unsere Nasen, wie die Nüstern der Pferde waren mit Staub gefüllt. Endlich — als gegen Mittag unsere Qual auf's Höchste gestiegen war, drang aus einer naheliegenden Thalschlucht das laute Plätschern eines Wasserfalls an unser Ohr. Wir jubelten laut bei diesem rauschenden Murmeln des langersehnten Wassers und bald sahen wir, wie dicht an der Landstraße ein kleiner Quell aus Wucherkräutern und Laubwerk hervorbrechend, über einen zwanzig Fuß hohen Sandsteinfelsen stürzte. Marx, Rosen und Schikaneder, welche Blechgeschirre bei sich trugen, füllten dieselben rasch und kamen triumphirend mit der Beute zurück. Der General trank zuerst; allein kaum hatten seine Lippen einen Schluck davon eingesogen, so spuckte er es wieder aus. Das Getränk war warm und übelriechend. Bitter getäuscht verließen wir die blendende Cascade und ritten durch einen Hohlweg, dessen tiefer Staubboden mit zerstörten Geschützwagen und Projectilen aller Art bedeckt war. Allem Anscheine nach hatte hier eine Explosion stattgefunden. Nach vielem Fragen und Umher-

irren erreichten wir gegen 1 Uhr das Haupt=
quartier. Die Lage desselben machte mich stutzen.
Während fast alle andern Generale im offenen
Felde, inmitten der Zeltgassen ihrer Regimenter
resibirten, hatte sich General Grant eine Schlucht
ausgesucht, an deren Eingang ich die Inschrift:
„Hier kann kein Unglück passiren!" oder:
„Mater timendi flere non solere," vermißte.
Die Zelte des Generalstabs lagen unter Fels=
vorsprüngen, deren Außenspitzen mit Bäumen
bepflanzt waren. Ein Bach rauschte durch die
Schlucht und verbreitete etwas Kühlung. Am
Ausgang der Schlucht befanden sich die luftigen
Pferdeställe, bei denen wir auch unseren Pferden
Schatten, Wasser und Ruhe gönnten. — Der
Platz war kühl und sicher — zwei Eigenschaften,
welche allen übrigen Lagerplätzen des Be=
lagerungsheeres mangelten. General W. und
Morgan traten gleich - in das Zelt des Ober=
generals, und wir sahen uns einstweilen ein
Wunderthier an, welches die Bodyguard Grant's
von einer Plantage entführt hatte; es war ein
Pony en Miniature. Das Thier hatte die
Größe eines englischen Bulldogs, war vollkom=

men proportionirt gebaut, nur Mähne und
Schweif waren mächtiger als die winzige Figur
erwarten ließ, dabei war es stark genug, den
Koch Grant's, einen wohlbeleibten Neger, im
leichten Trabe wegzuführen — sein Reiter
mußte natürlich die Beine derart aufheben, als
kreuze er einen mäßig tiefen Bach. Wurde der
Pony geärgert, so biß er um sich und knurrte
wie ein gereizter Fleischerhund. Das Thier
war eine Specialität, und eine recht komische
dazu, und Marx gestand mir auf dem Heim-
wege, daß ihn Grant's Pony mehr interessirt
habe, als Grant selber. Ehe der letztere mit
W. das Zelt verließ, wurden einige fremde
Pferde gesattelt, und etwa eine halbe Stunde
später erschienen mehrere Generale, welche
ihre bereitstehenden Pferde bestiegen; auch wir
sprangen in den Sattel und stellten uns in
Reih und Glied. Grant war aus der Gruppe
leicht zu erkennen, für Leute, welche sein Bild
kannten, obgleich sein Bart noch kürzer gestutzt
war, als er ihn gewöhnlich zu tragen pflegte.
Er rauchte seine unvermeidliche Cigarre und
nickte, als er an uns vorüberkam, nur leicht

mit dem Kopfe. Hinter ihm ritten außer Ge=
neral W. und dem Major Morgan, noch zwei
bemerkenswerthe Erscheinungen: die Generale
Mac Pherson und Logan, stolze sicherblickende
Offiziere, aus deren Mienen Energie und Todes=
verachtung deutlich zu lesen waren. Unser Zug
begegnete unterwegs einem Arzte, welchen Grant
als Freund begrüßte, indem er ihm die Hand
reichte. Die Cavalcade hielt an, und ich konnte
das Gesicht des künftigen Präsidenten aus näch=
ster Nähe betrachten. Er blickte den Arzt,
welcher trotz seiner schäbigen bestaubten Klei=
dung einen hohen Rang bei der Sanitätsbehörde
einnehmen mußte, eine Weile ruhig an, wischte
dann die Asche von seiner Cigarre und sprach
das übliche langgezogene: „Well Sir!" mit
welcher Phrase die Amerikaner in der Regel
ein Gespräch einleiten. Diesem „Well Sir!"
folgte eine kleine Pause, dann frug Grant:
„Wie viele Dienstuntüchtige letzte Woche?"
„63 Procent!" lautete die lakonische Entgegnung
des Arztes. „Welches Regiment hat so viele
Kranke?" fragte General W. verwundert. Der
Arzt lächelte über diese naive Frage des neu

angekommenen Generals und antwortete: „Das
ganze Belagerungsheer hat 63 Procent seiner
Mannschaft in den Hospitälern."

„Aber mein Himmel!" rief General W.,
ganz verblüfft aussehend, „das ist ja geradezu
entsetzlich."

„Wird noch besser kommen!" sagte der Arzt
kaltblütig, „denn drei schlimme Monate stehen
vor der Thür: Juli, August und September.
General W. erbleichte sichtlich bei dieser neuen
Bemerkung des Hyppocrates: Grant dagegen
blies zwei mächtige Dampfwolken von sich, dann
blickte sein blaues Auge ruhig und klar, wie
der Himmel über uns und als er den Zügel
seines Pferdes anzog, sagte er mit sicherer,
sonor klingender Stimme: „Never mind it,
Vicksburg must be taken!"

Diese wenigen Worte und der klare Blick
des Mannes gaben mir die unumstößliche Ge-
wißheit, daß Grant zu jener Klasse von Män-
nern gehört, welche, ohne mit glänzenden Fähigkeiten des Geistes ausgestattet zu sein, vermöge
der Klarheit und Kraft ihres Willens, selbst
das Genie bei Erreichung ihrer Zwecke über-

flügeln — wie Augustus, Luther, Cromwell,
Bismarck und Andere. Grant ist der Mann
der festen Ueberzeugung und des unbeugsamen
Willens. Der Untergang von Tausenden gilt
ihm als Factor eines Rechenexempels und wenn
hinter ihm die Schrecken des Orkus tobten, so
würde ihn das nicht von dem Wege zum Ziel
abziehen, weil er nicht rückwärts blickt.

Unsere Cavalcade passirte ein kurzes Ge=
hege, welches wenige Zelte umschloß. Ein blond=
haariger hübscher Bursche stand als Posten vor
dem kleinen Lager und salutirte nachlässig. „Das
erste Minnesota = Regiment,“ hörte ich Logan
sagen und er deutete auf die wenigen Zelte zu
unserer Rechten. „Das bravste Regiment,
welches ich kenne — zählte bei seinem Aus=
marsch 1200 Mann und nach dem Sturm auf
Redoute Nr. 5 blieben ihm noch 4 Officiere
und einige 80 Mann.“ Wir ritten zu den
Erdwerken und Schützengräben. Die goldene
Kuppel des hochliegenden Courthouse in Vicks=
burg sahen wir in weiter Ferne schimmern, die
Geschütze schwiegen und nur die Scharfschützen
der Feinde sandten von Zeit zu Zeit einige

Kugeln über die Erdwerke. General Grant kehrte an der Spitze des Zuges, nach Besich= tigung der Arbeiten um, und wir passirten eine tiefe Berghalde, dessen Westseite mit Hospitälern und Marketenderbuben bedeckt war. Einige Reconvalescenten hockten vor einem Zelt, in welchem Ingwerbier ausgeschenkt wurde. Die armen Menschen mit den braunen ausgebörrten Gesichtern sahen ihren Obergeneral so gleich= gültig an sich vorüberreiten, als sei er ein Hausirer — nur wenige griffen an die Mütze. Erst als wir die Höhe des nächsten Berges er= reichten, gaben sie ein Lebenszeichen von sich. Wir durchritten ein junges Maisfeld, als plötz= lich von den hinter uns liegenden Erdwerken mehrere Schüsse auf uns abgegeben wurden. Dicht neben General W. zischten einige Kugeln durch die grünen Maisblätter und schlugen in die Erde. Unser tapferer General bekam einen gewaltigen Schreck; setzte seinem Pferde die Sporen ein, und jagte dem Zuge voraus über den Kamm des Berges. Ein höhnisches Ge= lächter, wie einige Spottreden, schallten aus der Berghalde und mir stieg vor Scham das Blut

in's Gesicht; auch Grant sah seinen ehemaligen
Schulkameraden von Westpoint verwundert und
mißbilligend an. Mich ärgerte der Hohn der
Kranken ebensosehr, als die Feigheit unseres
Generals; später, als mir selbst der Tod im
Nacken saß, dachte ich anders über die großen
Herren, welche alle Vortheile des Krieges ge=
nießen wollen, ohne sich den Gefahren und
Strapazen desselben exponiren zu wollen.

Am Tage nach jenem Besuch in Grant's
Hauptquartier begann General W. seinen activen
Dienst und ich wurde gleich am selben Nach=
mittag mit Ordres in das Lager eines sehr
fernliegenden Regiments gesandt.

Das Auffinden eines fremden Lagerplatzes
in einem meilenweit ausgedehnten Terrain bietet
kaum denkbare Schwierigkeiten, da es sich nur
durch Fragen ermitteln läßt. In der glühen=
den Atmosphäre jagte ich von Corps zu Corps,
von Lagerplatz zu Lagerplatz, bis ich endlich
nach stundenlangem Umherirren meine Mission
vollendet hatte.

Als ich auf dem kürzesten Wege den Rück=
zug bewerkstelligte, dunkelte es fast. Die Sonne

war noch nicht untergegangen, allein sie barg
ihre glühenden Strahlen hinter finstern Wetter=
wolken, welche sich allmälig zu furchtbaren
Massen aufgethürmt hatten. Ein sonderbares
Wetterleuchten, welches im Osten aufsteigend,
nach und nach fast den ganzen Himmel wie
mit einem bleichen Schlagfeuer übergoß, er=
schreckte meinen Robertson. Eine Zeitlang
stierte das Thier fast unbeweglich in das selt=
same Licht, welches in gewaltigen Schlägen auf=
tauchte und wieder erlosch in schwarzer grollen=
der Gewitternacht — ich fühlte, wie es vor
Furcht erzitterte und sprach es ruhig an; einige
Sekunden hielt es dem Schrecken-Stand, dann
mit einem Male senkte es tief den Kopf hinab,
ich fühlte an dem straffgehaltenen Zügel einen
starken Ruck, — es knackte die Kinnkette, und
nun begann ein Rennen, das mit dem aus=
brechenden. Gewitter auf's Beste harmonirte.
Rascher als die Staubwolke, welche der Sturm
auf dem Wege aufwirbelte, brauste das scheue
wilde Pferd über Berg und Thal. Erdrisse
öffneten sich vor mir, und ich glaubte in das
Dunkel eines Abgrundes zu stürzen, allein sobald

das grelle Licht des Blitzes aufflammte, sah ich
vor mir wieder feste Erde. Weiter ging es in
tollem Sturm, unaufhaltsam dröhnend wie das
Rollen einer Lawine. Der Wirbelwind stöberte
Alles auf, riß Alles fort, was locker an der
Erde lag. Im wilden Chaos flogen Zelte,
Bretter, Staubwolken und Baumäste durch die
Luft. Das Rollen des Donners wechselte kurz
ab mit dem welterschütternden Krachen des
Blitzes. Eine Flamme durchleuchtete die gährende
rasend gewordene Atmosphäre, dann eine
Sekunde später vergrub die Nacht den kochen=
den Hexenkessel in seine finstern unddurchdring=
lichen Schatten und Robertsons Huf raste weiter
im tollsten Rennen, als müsse er die Erde um=
jagen, um dem Sturme zu entfliehen. Wieder
flammte unter dem entsetzlichen Krachen das
zuckende grelle Licht des Blitzes auf, da gähnte
dicht vor uns eine Gefahr, die mir einen jähen
Ausruf des Entsetzens entlockte: Ueber einem
tieffließenden — etwa 300 Fuß breiten Fluß
führte eine halbzerstörte Brücke; dieses Bau=
werk hatte eine Höhe von mindestens 120 Fuß.
Wie das Schreckbild eines bösen Traumes sah

ich die herabhängenden Balken, das zerrissene
Geländer, die geknickten Stützpfeiler und großen
Löcher in der Mitte der Brücke. Mein Ohr
aber hörte, wie der Sturm in den Fetzen herum=
wühlte und zerrte; es knarrten die morschen
Bretter, bogen sich und ächzten und die halb=
verrosteten Ketten am Pfahlwerk wurden in
mächtigen Schwingungen hin und her geworfen
und rasselten und knirschten, als wollten sie
allein die Ruine ganz zertrümmern. Mit aller
Kraft, welche ich aufzubieten im Stande war,
riß ich an dem Zügel — es war vergeblich.
Robertsons Maul mußte von Eisen, sein Nacken
von Stahl sein. Die Nacht umhüllte uns,
und im Toben des Sturmes meinte ich eine
Donnerstimme zu hören, welche mir mit schreien=
den Fanfaren den Ruf in's Ohr stürmte: Du
bist verloren!! — Ein kalter Angstschweiß
machte mich erschaudern, meinen Händen ent=
glitten die Zügel, wie das Steuer eines stran=
denden Wracks der Hand des verzweifelnden
Piloten, stier und regungslos blickte ich vor
mich in die wirbelnde dunkle Luft und die
dröhnenden Wolkenschichten, unter mir aber

fühlte ich gewaltige Sprünge. Mit jedem An=
satz des Pferdes glaubte ich, der Sturz in die
Tiefe sei unabwendbar und sandte in kurzen
Stoßgebeten die Worte: „Leb wohl — lebe
glücklich, Virginie!" in die Ferne, da plötzlich
wurde es Licht — die Gefahr lag hinter mir
und gleich darauffolgende sündflutartige Regen=
güsse brachen die Gewalt des Sturmes und
gleichzeitig das rasende Rennen des scheuen
Robertson. Erleichtert athmete ich auf und
trotz der alles durchbringenden Gewitterschauer,
welche mich bis auf die Haut durchnäßten,
freute ich mich, der großen Gefahr so wunder=
bar entronnen zu sein.

Als ich das Lager erreichte, war es Nacht
geworden; trotzdem mußte ich den Major Mor=
gan bis zum Zelte eines fernwohnenden Offi=
ciers begleiten. Morgan blieb dort fast bis
zum Tagesgrauen und da man mir kein Zelt
zum Schlafen anwies, so rollte ich mich in mei=
nen nassen Wollteppich und schlief in den nassen
Kleidern an der nassen Erde. Als ich erwachte,
fühlte ich eine eigenthümliche Wärme meinen
Körper durchbringen; es war fast ein Gefühl

der Wolluſt, welches mein Blut erhitzte, dann
mit einem Male ſchüttelte mich ein kalter Froſt,
alle Glieder zitterten, meine Zähne ſchlugen
aufeinander und eine eiſige Kälte machte mich
bis in's Mark erſchaudern. Erſtaunt ſprang
ich auf und rannte heftig auf und nieder in
der Hoffnung, mein Blut werde ſich erwärmen
laſſen; es war umſonſt: immer heftiger bebten
meine Glieder, immer eiſiger wurde mein Blut
und ein Soldat, welcher Poſten ſtand, ſagte
endlich mitleidig zu mir: „Jeſus Chriſtus! Was
ſchüttelt Sie das Fieber."

„Das Fieber?!" wiederholte ich erſtaunt und
eine Leuchte bitterer Erkenntniß ging mir auf.
Endlich hatte auch mich das teufliſche Uebel
jener Gegenden im Nacken gefaßt und ſchüttelte
mich gleich einem Drittel meiner Kameraden.

Von jenem Tage ab begann eine Leidens=
geſchichte, deren qualvolle Momente wie mit
glühendem Stifte in das Buch meines Gedächt=
niſſes eingegraben ſind. Gräßliche Tage, wie
könnte ich Euch vergeſſen, an denen jede Minute
mir zu Monden unausſtehlicher Qual wurde,
wo der Kopf mir brannte, als verzehre ihn eine

rasende, prasselnde Lohe und als bohrten glühende
Pfeile gegen die Hirnschale und suchten sie zu
durchbrechen — wo die Sonne über unserm
Scheitel unbeweglich schien mit ihren unerträg=
lichen, versengenden Strahlen. Immer war es
Mittag über unsern Köpfen. Die Welt mit
allen rotirenden Himmelskörpern schien erstarrt
zu sein und nur die Sonne brannte glühend
heiß und unbeweglich auf unsern versengten
Körper und um uns her schien Alles langsam
zu verbrennen. Unsere Lippen zitterten, bebten,
schrieen nach Wasser und sobald dies warme
Getränk auf die Zunge tropfte, schüttete man
es empört weg und kaufte sich mit schweren
Opfern Rothwein, und hatte man davon ge=
nippt, so empfand man auch dagegen einen un=
beschreiblichen Ekel und seufzte: „O wäre es
doch endlich Nacht!" Eine Ewigkeit der Son=
nenglut lag hinter uns, wenn es zu dunkeln
anfing. Todmüde, halbbewußtlos sanken wir
auf das Bretterbett, allein, kein Schlaf kam —
statt dessen schwirrten die Mosquitos um unsere
pochenden Schläfen. — Ihr glücklichen, dreimal
glücklichen Länder, die ihr dies teuflische, blut=

faugende Inſekt nicht kennt — welche Torturen
ſind Euch erſpart! Schon der ſchrille ſingende
Ton, den dieſe ſchwirrenden, winzigen Teufel
hervorbringen, quält unſere kranken Nerven und
dann ihr Saugen und die Schmerzen, welche
ihr Stich enthält! — Wir lagen oft halberſtickt
vom Kohlendampf auf unſern Betten, weil wir
es für keinen großen Unterſchied hielten, zu
ſterben, oder durch Rauch dieſe infernaliſchen
Thierchen zu verjagen. — War der Tag qual=
voll, ſo war es die Nacht nicht minder: Mit
der erſten Dämmerung endlich verließen die
Mosquitoſchwärme das Zelt und wir glaubten
ſchlafen zu können, bis zum Weltgericht, aber
dann brach gewöhnlich ein Gewitter über un=
ſern ahnungsloſen Häuptern los. Der Sturm
riß die Zelte auf und vom furchtbaren Krachen
des Donners geweckt, mußten wir uns an die
Zeltpflöcke hängen, damit unſer ſchützendes Dach
nicht in die Lüfte geführt wurde; trotzdem konn=
ten wir nicht verhindern, daß der nachſtrömende
Regen uns bis auf die Haut durchnäßte. Waren
endlich die waſſergefüllten Wolken niedergeplatzt,
dann-krochen wir mit klappernden Zähnen und

schlotternden Gliedern, vom kalten Fieberfrost
geschüttelt, aus dem Zelte und versuchten mit
dem naßgewordenen Holze ein Feuer zu ent=
zünden. Gegen 8 Uhr war gewöhnlich der
Kaffee gekocht und gierig schlürften wir das
braune Getränk, dann schwanden die Wolken, der
Himmel wurde klar und zehn bis zwölf Stun=
den lang versengte uns wieder der Sonne glühen=
der, unbarmherziger Strahl. So ging es fort
ohne besondere Abwechslung: Tage=, Wochen=,
Mondenlang. Anfangs kämpfte ich tapfer gegen
das Uebel, aß viel Chinapulver und ritt, so oft
es meine Krankheit nur irgend zuließ, mit Marx
und Rosen in's Land hinaus zum Fouragiren.
Ich hatte mir eine achtungswerthe Gewandtheit
im Schießen erworben und wenn wir eine Vieh=
heerde aufgespürt hatten und verfolgten, schoß
ich Schafe vom Pferde herab so sicher hinter's
Blatt, daß sie regelmäßig, wie Gläubige beim
Gebet, in die Kniee sanken und ohne einen
Seufzer ihre Seele aushauchten. Eines Tages
war eine Viehheerde über die Höhe getrieben
worden und ein versprengter Stier kam später
brüllend und abgehetzt durch unser Lager.

Die Compagnie hatte Mangel an frischem Rindfleisch und Lieutenant Meyer beschloß, das Thier mit dem Revolver zu erlegen. Der tapfere Lieutenant that sich viel zu Gute auf seine Fertigkeit im Schießen. Ueber 50 Schritt Entfernung trennten ihn von dem Thiere, da zielte er und fehlte. Der Stier aber merkte die Absicht und wurde verstimmt. Laut brüllend senkte er die Hörner und stürzte gegen den Schützen los. Der letztere, — statt nun ruhig die übrigen Schüsse abzugeben, — floh in's Zelt. Der Stier rannte dagegen, warf das Zelt um und kollerte über den schreienden Compagnieführer weg, welcher einige Quetschungen erhielt. Unser Zelt lag nur 40 Schritte von der Scene entfernt. Marx ergriff eine Axt und Rosen drückte mir einen geladenen Carabiner in die Hand. Ich zielte kaum eine Sekunde und drückte auf die Stirne des sich aufraffenden Thieres los. Dieses stieß ein kurzes heiseres Gebrüll aus, schüttelte heftig mit dem Kopf und lief dann etwa 80 Schritte weit durch die Zeltgasse, wobei es noch mehrere Zelte umrannte. Ich hatte rasch auf's Neue geladen, zielte, schoß und das

Thier brach zusammen. In demselben Augen=
blick sah ich Marrens Kopf über dem sterbenden
Thier hervortauchen, dieser schwang die Axt und
gab ihm den Garaus. „Wäre der letzte Schuß
fehlgegangen, hättest Du mich erschossen!" rief
Marr. Der brave Junge war auf der andern
Seite der Zeltgasse fortlaufend, in dem Moment
hinter den Zelten hervorgesprungen, um sich
dem Stier in den Weg zu werfen, als ich los=
brückte. Hätte die Kugel ihr eigentliches Ziel
verfehlt, so wäre mein Freund, der kühne Tor=
rero, durchbohrt worden. Mein erster Schuß
hatte das Thier in's Auge getroffen, ohne es
tödtlich zu verwunden.

Tag für Tag verging. Die Hohlgeschosse,
aus der Stadt geschleudert, reichten nicht bis in
unser Lager und der Schall der Kanonen war
unserm Ohr so gleichgültige Musik, wie das
Rauschen des Mühlrades, allein fast täglich be=
gruben wir einen Todten, den nicht die Kugeln,
sondern der Typhus und das Fieber weggerafft
hatte. So gleichgültig wurde uns mit der Zeit
der Tod der Kameraden, daß wir ihren Leib
einscharrten, wie den Cadaver eines gefallenen

Thieres. Gewöhnlich deckten wir nur wenig
Erde auf den leblosen Körper und stellten dann
die Pferde auf's Grab, damit sie die Erde fest
einstampften. Einen Mann Namens Strecker,
welcher ein Feinschmecker und guter Koch war,
legten wir, als er gestorben war, unter den
Feuerplatz vor dem Kochheerde, wobei Marx
scherzend sagte: „So! Nun kann der gute Strecker
noch ⸗im Grabe die sauren Bohnen riechen!“
Wohl selten war eine Grabrede gehalten wor=
den, in welcher dem Verblichenen bescheidenere
Genüsse einer bessern Welt in Aussicht gestellt
wurden. Es war am Morgen des 3. Juli, als
mich ein Auftrag Morgan's in das Lager Grant's
führte. Gegen Mittag erst wurde ich abgefer=
tigt und als ich, mit dem erhaltenen Brief in
der Brusttasche, mein Pferd zur Rückkehr be=
stieg, hörte ich meinen Namen rufen. Etwa
zwanzig Schritte vom Hauptquartier lag ein
Marketenderladen. Unter dem Vordach desselben
stand Bob Higgs, der Mann mit dem ernsten,
faltigen Gesicht und dem wunderbaren Humor.
Er winkte mir mit der Hand, zu ihm hinzu=
kommen und als ich dies bereitwilligst that, bat

er mich, ihm beim Diner Gesellschaft zu leisten. Ich stieg vom Pferde ab und wir traten in's Innere der Bude, wo ich an Higgs' Seite eine halbe Kanne eingemachter Aprikosen verzehrte. Wir waren allein in dem kleinen Local und da Higgs mich besorgt betrachtete und mir treu= herzig die Versicherung gab, daß ich recht elend geworden, seitdem er unser Lager verlassen habe, betrachtete ich seine grauen Schalksaugen und entgegnete matt, daß ich ihm das Compliment nicht zurückgeben könne, — im Gegentheil, er sähe recht glücklich aus.

„Bin ich auch!" versetzte Higgs und leerte ein großes Glas Claret. „Ich bin so glücklich, daß mir das Herz im Leibe zittert und es thut mir nur leid, daß Sie so herabgekommen sind, ich möchte wünschen, daß es keinen Krieg und kein Elend mehr gäbe. Wenn ich der Beherr= scher dieser Erde wäre, würde ich Tag und Nacht arbeiten, damit die ganze Menschheit so glücklich würde, wie ich es selbst bin in diesem Augenblick."

„Sie haben ein gutes Herz, Higgs," sagte ich lächelnd, „denn nur wenig Menschen denken

im Glück an einen Andern, als sich selber. —
Machen Sie nur stets ihre Umgebung glücklich
und Sie werden ein beneidenswerther Mensch
sein!"

„Das will ich nach Kräften!" rief Higgs
und schenkte sich ein neues Glas voll „und da
Sie heute meine erste und nächste Bekanntschaft
sind, so will ich Ihnen einen fernen Trost und
eine nahe Freude mit auf den Weg geben.
Hören Sie" — Begierig neigte ich mein Ohr
gegen des Nachbars Lippen und dieser flüsterte:
„Morgen am 4. Juli, dem Jahrestage der Un=
abhängigkeitserklärung der Union, wird Vicks=
burg in unsern Händen sein."

Sprachlos vor Verwunderung blickte ich in
das faltige Gesicht meines Nachbars und sagte
mit ungläubiger Miene: „Sie scherzen!"

„Nichts weniger als das. Noch in dieser
Nacht unterzeichnet Pemberton die Capitulation
und morgen zieht Grant in Vicksburg ein."
Higgs' Worte mehrten mein Befremden und
trotzdem sah der Mann so sicher und ernst aus,
daß ich zu glauben begann.

„Wie aber können Sie das wissen? Wer sind Sie denn?" frug ich halblaut.

„Wie ich das wissen kann?" entgegnete der sonderbare Mensch. „Ich verließ gestern Abend die Festung und wer ich bin? — Ich bin ein Spion."

Verblüfft rückte ich etwas von der Seite des Mannes weg und wiederholte in fast verächtlichem Tone: „Ein Spion?"

„Ja!" rief Higgs, ohne sich durch den Ton meiner Frage beirren zu lassen. „Ich betrieb jahrelang dies geschmähte Gewerbe und bin stolz darauf, denn ich habe dadurch unserer Republik mehr genützt, als mancher General, und für jeden Dollar, den ich in meiner Tasche trage, habe ich mein Leben eingesetzt."

„Wie aber kamen Sie zu diesem halsbrechenden Metier?" unterbrach ich den warm gewordenen Redner.

„Wenn Sie das erfahren wollen, müssen Sie ein Stück meiner Lebensgeschichte mitanhören." Ich bat ihn darum und er fuhr fort: „Sie sagten eines Abends zu mir, als ich mit Ihnen zur Tränke ritt, ich müsse Komiker oder

Kunstreiter sein und damit hatten Sie den Nagel auf den Kopf getroffen — bis zum Ausbruch dieses Krieges betrieb ich das tolle Gewerbe eines Circus-Clown. Meine Jugend war eine sehr harte: Eltern habe ich nie gekannt und die Leute, welche mich erzogen, waren Gaukler der verworfensten Sorte; sie prügelten mich blutig, wenn ich eine Kugel fallen ließ und traten mich mit Füßen, wenn ich beim Reif= springen vom Pferde purzelte. Diese Erziehung machte mich roh und verbissen, allein sie bildete rasch einen Künstler aus mir, welcher mit jedem Fachmann um die Wette arbeitete. Als ich zwanzig Jahre zählte, sah mich Dan Rice eine kleine Farce spielen und engagirte mich als Clown für seinen Circus. Jahre vergingen — ich stand auf der Höhe meiner Kunst, verdiente viel Geld und vergeudete es leichtsinnig, ohne an die Zukunft zu denken, da kam in der Ha= vannah eine junge spanische Reiterin zu unserer Truppe. Das Mädchen stammte aus einer guten Familie Mexiko's, hatte eine vortreffliche Erziehung genossen und war aus romantischer, toller Jugendlaune ihrem Vaterhause entlaufen

und mit dem Circus in die weite Welt gezogen.
Als ich sie kennen lernte, war bereits die Ent=
täuschung und bittere Reue in ihrem Herzen
eingezogen, denn sie sah ein, daß nur ein glän=
zender Flitter das schale Elend dieses Zigeu=
nerlebens bedecke. Ich rieth ihr mit aller Kraft
der Ueberredung, in das Haus ihres Vaters
zurückzukehren, allein sie sagte mir: „Mein
Vater ist ein Mann, so voller Stolz und Ehr=
geiz, daß er mich wie eine Entehrte von seiner
Schwelle jagen würde — und wenn das ge=
schähe, müßte ich sterben." Señorina Mar=
guerita war jung, schön und hatte so prächtige
dunkle Augen! Wenn diese Augen sich mit
Thränen füllten, bebte mir das Herz im Leibe
und ich küßte ihre kleinen Hände und beschwor
sie, munter zu sein, und damit sie lachen konnte,
schnitt ich die tollsten Gesichter und tanzte die
närrischsten Grotesquen. In der Reitbahn
wurde ich ihr Lehrer und Vertheidiger, und im
Hause gab sie mir Unterricht im Lesen, Schrei=
ben, Rechnen und allen Elementarwissenschaften,
die man dem Knaben nicht eingeprägt hatte;
auch fremde Sprachen erlernte ich unter ihrer

Anleitung mit wunderbarer Schnelligkeit. Eines Abends ritt Marguerita ein junges Pferd und ihre Laune war nicht die glücklichste, denn eine neidische Rivalin hatte ihr in der Garderobe eine Beleidigung in's Gesicht geschleudert. Das Pferd benutzte die Zerstreutheit seiner Reiterin und beging Fehler über Fehler, bis zuletzt der Zuruf des Stallmeisters, wie meine Warnung Marguerita zur Besinnung brachte. Diese wurde erregt, schlug das Pferd einigemale mit der Gerte, so daß es zuletzt in einem wüthenden Seitensprunge seine Reiterin gegen die Barrière schleuderte. Als wir die ohnmächtig Gewordene den Händen des Arztes übergaben, stellte sich heraus, daß der Schenkel des armen Mädchens gebrochen sei. Ich pflegte die Kranke wochen= lang und als sie wiederhergestellt war und zum ersten Male den geheilten Fuß prüfte, sah ich mit Schrecken, daß sie hinkte. Eine grenzenlose Verzweiflung bemächtigte sich des armen Mädchens, als sie erkannte, daß ihr selbst die erbärmliche Existenz einer Kunstreiterin geraubt worden sei. Erst jetzt wagte ich ihr zu sagen, wie sehr ich sie liebe und daß ich glücklich wäre, wenn sie

3 *

mir gestatten wolle, mein ganzes Leben lang
ihr Diener zu sein. Sie schaute mich dankend
an und meinte: „Du liebst mich nur aus Mit=
leid!" als ich ihr aber mit heiligen Schwüren
versicherte, daß ich sie geliebt hätte von der
ersten Stunde unserer Begegnung an, und als
ich ihr sagte: Marguerita, meine ganze Jugend
verging freudlos und arm, denn mir fehlte die
Liebe einer Familie, die Liebe eines Freundes,
die Liebe eines Weibes — jetzt habe ich Dich
gefunden und fühle, daß Dein Herz reich genug
ist, um mir Alles Das zu gewähren, was ich
so lange ersehnt und gesucht, — schenke mir
Deine Liebe und alles Glück der Erde ist
mein!" — Da faßte sie meinen Kopf in ihre
weißen, kleinen Hände, küßte mich auf den
Mund und sagte: „Du bist so gütig, Bob —
so gut — —" und konnte nicht weiter sprechen,
denn sie brach in ein Schluchzen aus, und ich
weinte mit ihr — die ersten Thränen trunkener,
seliger Herzensfreude.

„Marguerita wurde meine Frau und ich
war glücklich. — Sie zog mit mir in der weiten
Welt umher und ich spielte im Circus so toll

und närrisch, daß das Auditorium sich krümmte
vor Lachen. — Die Thoren glaubten, ich sei so
komisch, um sie zu beluftigen, und ich spielte
nur für meine hübsche Marguerita, damit sie
lache und glücklich sei. — Es kam die Zeit
heran, in welcher unsere Familie um einen
kleinen Weltbürger vermehrt werden sollte und
ich konnte in den Tagen der Noth nicht am
Bette Marguerita's sein, denn ich mußte dem
Circus nach Rio de Janeiro folgen, während
meine junge Frau in Baltimore zurückblieb. In
dieser Zeit war ich ein sehr trauriger Narr,
denn mein Beruf ekelte mich an, und als ich
nach einem Jahre zu meiner Familie zurückkehrte, faßte ich unterwegs den Entschluß, mir
eine Heimat zu gründen, damit Marguerita
und mein Kind nicht nöthig hätten, mit mir
die Welt zu durchstreifen, oder von mir getrennt zu sein. Ich kam nach Hause und an
der Landungsbrücke legte mein blühendes Weib
ein kleines liebes Mädel an meine Brust. Mein
Gelöbniß wurde durch den Anblick des Kindes
verstärkt; allein — was sollte ich jetzt thun,
um Geld zu erwerben? Meine Erparnisse,

welche ich aus Rio mitbrachte, wurden nach und
nach kleiner und noch bot sich mir keine Aus=
sicht auf Verdienst. Der Krieg war im Gange
und viele Geschäfte, selbst unsere Kunst lag
darnieder. Damals bot man einige hundert
Dollars für einen Ersatzmann und das brachte
mich auf den Gedanken, heimlich als Stellver=
treter einzutreten und mit dem Gelde meiner
Frau ein kleines Boardinghaus einzurichten.
Fiel ich im Kriege, so hatte Marguerita eine
Existenz, kam ich zurück, so brachte ich noch
etwas Geld mit, und wir konnten unsere Lage
verbessern. Ich verkaufte mich heimlich, brachte
Marguerita das Geld und theilte ihr mein
Project wegen des Boardinghauses mit, worauf
sie lebhaft einging. Das Geld gab ich für
einen Vorschuß aus, den Dan Rice mir gemacht,
und sagte, daß ich zu einer großen Tour im
Westen abginge. So gelangte ich in die Armee
des Generals Sherman. Durch einen Zufall
kam der General auf die Idee, mich als Spion
zu verwenden. Meine Expedition glückte und
brachte mir eine runde Summe Geld ein. Der
Gewinn lockte mich zu noch verwegeneren Unter=

nehmungen und als Grant nach Vicksburg ging,
wurde ich diesem als sehr brauchbar empfohlen.

„Heute liegt meine letzte Unternehmung glück=
lich hinter mir, denn Grant war von der Aus=
führung derselben so entzückt, daß er mir 500
Dollars auszahlen und meine Discharge (Ent=
lassung) einhändigen ließ. Jetzt besitze ich ein
kleines Vermögen und bin frei. Am Tage nach
der Einnahme von Vicksburg gehe ich mit dem
ersten Dampfboot stromaufwärts und gründe
mit dem erworbenen Capital in Baltimore eine
Reitschule. Begreifen Sie nun, daß ich ein
glücklicher Kerl bin, und mich nicht im gering=
sten schäme, Spion gewesen zu sein?"

„Ich begreife vollkommen, daß Sie ein Ehren=
mann sind, den ich gern zum Freunde haben
möchte!" erwiderte ich gerührt und reichte ihm
die Hand zum Abschied.

„Halten Sie den Kopf hoch, Freund, und
wenn Sie einst nach Baltimore kommen, be=
suchen Sie mich und meine Familie!" rief mir
der Spion zu, als ich mein Pferd bestieg und
ich grüßte und ritt mit dem Seufzer: „Wer
doch auch so glücklich wäre!" in's Lager.

Das Schreiben, welches ich Major Morgan bei meiner Ankunft einhändigte, mußte die Nachricht von der bevorstehenden Capitulation enthalten, denn ein Ausdruck des Staunens und ein freudiger Ausruf wurden dem Major beim Lesen desselben entlockt. „Ein fröhlicher vierter Juli muß das werden. Ich gratulire!" sagte ich, als Morgan auf= schaute.

„Danke, mein Lieber, für diese gute Bot= schaft. Sie sollen uns morgen früh zur Festung begleiten." Ich jubelte vor Freude über diese Begünstigung und ehe der Morgen graute, war ich trotz meiner Schwäche zuerst an Ort und Stelle. Wir fuhren mit dem Dampfer bis zur Chikassoo Bayoo, von dort schlossen wir uns einem Trupp Reiter an, an deren Spitze die stolze Figur des braven Mac Pherson hervor= stach. Dicht vor den Schanzen des Belagerungs= heeres ritten wir über die Felder, auf denen der Tod seine blutige Ernte gehalten. Gräber gab es da, so weit das Auge reichte. Tausende von braven Burschen düngten diese Erde. Um 11 Uhr Mittags erreichten wir die Bastionen,

welche den Strom beherrschten. Geschütze von
riesenmäßigem Caliber waren da aufgepflanzt,
und in den Chausseegräben hockten einige hun=
dert jener Südländer, welche sich trotz Hunger
und Krankheit so lange vertheidigt hatten. Die
abgemagerten Gestalten mit den braunen Ge=
sichtern wurden entwaffnet und auf Parole in
ihre Heimat entlassen. Das ganze nördliche
Viertel der Stadt war zerstört, ebenso die
meisten Gebäude an der Frontseite des Flusses.
Auch das hochgelegene stolzgebaute Courthouse
mit der Façade aus grauem Marmor und mit
der großen vergoldeten Kuppel hatte einige
Löcher im Dache aufzuweisen. Durch die
Straßen reitend, begegneten wir vielen Pferden
und Maulthieren, welche nicht geschlachtet worden
waren, weil sie als gar zu mager befunden
wurden. Die elenden Geschöpfe taumelten vor
Entkräftung wie betrunkene Skelette durch die
Straßen und nagten das Gras ab, welches
zwischen den Pflastersteinen hervorsproßte. Auch
die Löcher und Stollen, welche in die Hügel
gebohrt waren, sahen wir im Vorüberreiten;
in diesen Erdhöhlen saßen die geängstigten Ein=

wohner Tage und Nächte lang, wenn das Bombardement sehr heftig wurde. Auf dem freien Platze vor dem Courthouse hielt Grant und an seiner Seite Pemberton, der Festungscommandant. Letzterer war ein Mann mit dunkeln, sanften Augen, seine Schulter war etwas schief und in seinen Zügen drückte sich ein unverkennbarer tiefer Schmerz aus, als seine stark decimirte Armee die Waffen streckte. Ein Floridaregiment hatte die Waffen abgegeben und eine große seidene Regimentsfahne sollte abgeliefert werden. Dies Banner war vom Kugelregen in Fetzen gerissen worden. Als der Fahnenträger die Flagge senkte, streckten sich hundert Fäuste nach dem zersetzten Panier aus; braune Hände rissen die seidenen Fetzen herunter und vertheilten die kleinen Läppchen unter die nächststehenden Soldaten des Regiments als letztes Andenken eines tapfer getragenen Banners, dann gaben sie die blanke Fahnenstange ab und zogen mit nassen Augen ihrer fernen Heimat zu. Unsere Musik aber spielte die stolze Hymne des Nordens:

„And the star spangled banner
In triumph shall it wave,
Over the land of the free
And the home of the brave.“

Es war ein seltsames Schauspiel, traurig und erhebend zugleich.

Grant's Augen blickten so ruhig wie damals, als er sagte: „Never mind it, Vicksburg must be taken!“ — nur sein Mund lächelte und die Cigarre war ihm ausgegangen, denn über der goldenen Kuppel des Courthouse wurde das Sternenbanner der Union aufgehißt. Vicksburg war gefallen und der mächtige Strom zu seinen Füßen rauschte stolz bis an's Meer durch die freien Staaten der glorreichen ungetheilten Republik.

Unsere üble Lage änderte sich auch nach dem Falle Vicksburgs sehr wenig. Nach wie vor lagerten wir auf den baum= und wasser= armen Höhen von Snyders Bluff. Zu meinem Fieber gesellte sich noch eine andere schlimmere Krankheit, welche mich bald so elend machte, daß mich Lieutenant Meyer gewaltsam in ein fernliegendes Hospital sandte. Als der Fuhr=

mann meine ausgedörrten Gebeine auf den
Wagen lud, sagte er mürrisch: „Wozu sich mit
dem Kerl noch den weiten Weg schleppen, der
stirbt ja doch, ehe ich ihn in's Hospital ab=
liefere." Diese humane Bemerkung war wenig
geeignet, mich zu stärken, trotzdem raffte ich
alle Willenskraft zusammen und sagte zu mir
selber: Du darfst nicht sterben! — Die Fahrt
in dem luftigen Wagen that mir wohl. Das
Hospital befand sich in einer romantisch gele=
genen hübschen Kirche. Das Innere derselben
sah freilich nicht sehr einladend aus. Kaum
hatte man mir die Krankentracht, eine Art
Leichenhemd angezogen und ein Bett in einer
Nische angewiesen, so kam ein Transport Schwer=
verwundeter vom Blackriver herüber und zwei
Doctoren begaben sich mit Hülfe ihrer Assisten=
ten an's Schneiden und Sägen. Bald erscholl ein
Wimmern und Stöhnen durch die Hallen der
Kirche, daß mir ein eiskalter Schauder über
den Rücken lief. Ich vergrub meinen Kopf in
das Kissen meines Bettes und schloß von den
qualvollsten Empfindungen gepeinigt die Augen.
Das Stöhnen, Weinen und Klagen dauerte die

ganze Nacht durch und einige Schwerbleffirte
hauchten bei Tagesanbruch ihren Geist aus.

Die Nische, welche ich bewohnte, barg sieben
Betten; das meinige war das letzte am obern
Ende. Mein nächster Nachbar hieß Cold —
es war ein junger Mann mit schwarzem Bart
und rührend schönen Augen. Er litt seit
Monaten am Sumpffieber. Der Tag, welcher
anbrach, war ein Sonntag und ehe wir es uns
versahen, plärrte ein Methodistenpfaff ein geist=
liches Lied, dessen Töne wie Hohngelächter zu
dem Stöhnen der Verwundeten klangen. Nach
Beendigung dieses Gesanges, an welchem nur
wenige Reconvalescenten theilnahmen, bestieg
der fromme Mann eine Kanzel und hielt den
Kranken und Sterbenden eine fulminante Rede,
in welcher er sie beschwor, bei Zeiten Buße zu
thun und ihren sündigen Leib zu kasteien, da=
mit sie nicht den Schrecken der Hölle anheim=
fielen. Zur mehreren Sicherheit entwarf der
fromme Zelot ein Bild der Hölle vor den
kranken gequälten Gemüthern, daß schwachen
Menschen die Haare zu Berge stehen mußten.
Das Gekrächze dieses Raben that mir, um der

Sterbenden willen, noch mehr weh, als ihr Stöhnen und ich suchte durch lautes Husten seinem Redestrom einen Damm entgegenzusetzen; allein der Zelot schleuderte mir einen stechenden Blick zu und verdoppelte die Anstrengungen seiner Lunge. Endlich war das Thema genug= sam erschöpft. Der moderne Abraham a Sancta Clara verließ die Kanzel und vertheilte Er= bauungsbücher unter die gläubige Gemeinde; auch unsere Nische wurde beglückt. Der Priester hielt dem Manne im untersten Bette ein ge= drucktes Heft entgegen, allein die gelbe Hand auf dem Laken regte sich nicht — der Mann war während der langen Predigt gestorben. Der Zelot erhub wieder seine Stimme, sprach ein Gebet und schritt weiter. Als er zu Colb's Bette trat, wies dieser das Büchelchen zurück. —

„Bist Du schon derart der Hölle verfallen, daß Du vor dieser Trostschrift zurückweichest, wie der Antichrist vor dem Zeichen des heiligen Kreuzes?!" eiferte der Fromme.

„Das nicht," entgegnete Colb mit der Miene eines unschuldigen Kindes, „allein das Papier ist mir zu hart."

Das Gesicht des heiligen Mannes färbte
sich dunkelroth, sein Mund wurde sprachlos —
vor Zorn; ich aber hätte meinem Nachbar um
den Hals fallen mögen, leider war ich zu schwach
und mußte mich begnügen, durch ein halblautes
Bravo meinen Beifall ausdrücken zu dürfen.
Die Drohpredigt des Zeloten fand eigent=
lich auf Niemanden Anwendung, als auf unsere
Wärter, denn diese Hallunken waren abgebrühte
Sünder. Jeden Tropfen Medicin, welchen die
Aerzte verordneten, ließen sie uns ungeschmälert
zukommen, allein jede bessere Speise und den
Wein, welcher aus dem Norden nach den
Hospitälern gesandt wurde, floß in den Schlund
dieser fetten Subjecte, welche uns so gleichgültig
sterben sahen, als verende eine Fliege. Jeden
Morgen nach dem Frühstück wurde ein Todter
aus unserer Nische fortgetragen und am fünften
Morgen, als Cold's Nachbar weggeschleift wurde,
sah sich der arme Mann mit den dunkeln Augen
fast Hülfe suchend nach mir um und sagte: „Wen
von uns beiden werden sie morgen holen kom=
men?" Ich sah zwei große Thränen aus den
Wimpern des armen Burschen brechen und wandte

mich seufzend ab — da hörte ich meinen Namen rufen und zwar von wohlbekannter Stimme. Marx trat mit Rosen in's Hospital und sein Gesicht lachte, wie ein heller Sommertag. „Bist Du noch immer nicht todt?" rief er mir entgegen.

„Noch bin ich es nicht, allein es wird bald um mich geschehen sein, wenn Du mir aus dieser Gruft nicht forthilfst. Bring uns zwei Pferde, Marx, damit ich und mein Freund hier, dem Grabe noch rechtzeitig entrinnen können." „Das kann gleich geschehen," entgegnete Marx auf meine Bitten. — „Ihr reitet unsere Pferde. Werden wir müde, so setzen wir uns hinter Euch, denn zwei Skelette, wie ihr, die wiegen nicht schwer." Cold's Entschluß war bald ge= faßt; wir zogen Hosen, Strümpfe und Schuhe unter das Leichenhemd, nahmen unsere Wasser= flaschen und baten den Krankenwärter, er möge uns erlauben, den Freunden das Geleit bis zur Quelle geben zu dürfen. Der fette Mann hatte ein Schläfchen gehalten und nickte schlaf= trunken mit dem Kopfe. Hinter der Kirche hoben mich Marx und Rosen auf Bamram's

Rücken, ebenso wurde Colb auf's Pferd gewunden und langsam ritten wir weg aus diesem Tempel der Schmerzen — vom Erndtefeld des Todes. Auf der Höhe vor dem Camp begegneten wir Morgan. Er stutzte bei meinem Anblick und frug: „Kommen Sie aus dem Grabe?" „Aus dem Nachbarhause," entgegnete ich, „dem Hospital."

„Armer Junge!" sagte der gute Mann, als ich ihm von unsern Leiden ein kurzes Bild entworfen hatte. „Sie sollen von heute ab jeden Tag eine Citrone und ein Glas Wein von mir erhalten. Wollte Gott, ich könnte Ihnen die Gesundheit wiedergeben." — Der brave Officier wartete meinen Dank nicht ab, sondern ritt hurtig weiter. So krank und elend, wie ich das Lager verlassen, kehrte ich dahin zurück. Colb fuhr am nächsten Tage mit Toby's Fuhrwerk in sein Regiment zurück und wurde, wie ich später erfuhr, auf einem Hospitalboot nach St. Louis gebracht, wo er genas.

Unsere Compagnie wurde bald darauf beordert, an einer Expedition Theil zu nehmen, welche unter dem Commando des Generals

Elcho, Wilde Fahrten. IV.　　4

Herron nach Yazoo=City ging. Nur zwanzig
dienstfähige Leute wurden aus unserer Com=
pagnie auf die Beine gebracht, darunter Marx
und Rosen. Ich hatte schon Robertson gesattelt
und wollte mich dem Zuge anschließen, allein
George beschwor mich, zurück zu bleiben. Er
glaubte, ich würde nicht das Ende der
Fahrt erleben. Schon waren die dienstfähigen
Cavalleristen an's Ufer hinabgeritten, wo das
stolze Kanonenboot de Kalb zu ihrer Aufnahme
bereit lag, und ich sah mich mit traurigem
Herzen im Lager um. Ueberall erblickte ich
Grabhügel und schwankende Gestalten, welche
taumelnd und tastend ihren Weg suchten. Im
nahegelegenen Zelte schrie ein sterbender Ser=
geant, (derselbe, welcher bei jenem ersten
Rencontre mit Major Ply Succurs holen ging
und nicht mehr wiederkehrte) wie ein Thier.
Mir wurde es recht bang um's Herz und ich fühlte
mich so verlassen, daß ich hätte um Hülfe rufen
mögen. Noch stand mein Pferd gesattelt am
Pfahl — hastig erklomm ich den Sattel und
ritt, so schnell es mein schwacher Körper ge=
stattete, hinab zur Landung. Schon sollten die

Planken eingezogen werden, da ritt ich auf's Verdeck und als Marx und Rosen mich besorgt anblickten, sagte ich: „Laßt mich wenigstens in Eurer Nähe sterben!" Dieser rasche Entschluß rettete mich: frische Luft und Bewegung thaten mir noth — im Lager hätte ich keine drei Tage mehr gelebt.

Die Expedition nach Yazoo = City kostete der Regierung das prächtige Kanonenboot de Kalb. Es rannte auf einen Torpedo und wurde leck gemacht. Nur ein Steuermann und einige Arbeiter verloren dabei das Leben. Der Steuermann hatte gerade im Augenblick der Explosion über Bord geblickt und ein Sprengstück zerschmetterte ihm die Hirnschale. Ich sah den sterbenden Menschen am Boden liegen und hatte keine Ahnung davon, daß die junge Wittwe, welche er in St. Louis zurückließ, dereinst einen bedeutenden Einfluß auf mein Schicksal üben sollte. Unsere Pferde standen zur Zeit des Unfalls gesattelt und zum Ausschiffen bereit, und sobald das Hintertheil des Schiffes zu sinken begann, bestiegen wir dieselben und sprengten sie in's Wasser. Wir hatten fast

4*

das Ufer erreicht, da kam uns ein kleiner
Puffer, — ein sogenanntes Depeschenboot in die
Quere. Wir erschossen vom Pferde aus den
Steuermann am Backbord und die Bemannung
sprang vom Schiff in's Wasser; kaum war das
geschehen, so schwammen einige von unsern
Leuten, darunter einer, welcher mit Schiffs-
maschinen umzugehen wußte, an das Depeschenboot heran, erkletterten das Deck und lootsten
das kleine Ding an's Ufer. Somit erbeuteten
einige Cavalleristen auf dem Wasser ein kleines
Dampfboot — gewiß ein seltener strategischer
Fall. Die feindliche Besatzung der Stadt zog
sich bei unserer Landung eiligst zurück und
nur wenige Compagnien, welche zwei große
Gerbereien besetzt und verschanzt hatten, machten
der Infanterie etwas zu schaffen. Von Yazoo
City aus rückten wir durch den Staat Mississippi
in östlicher Richtung bis Canton und Benton.
Unsere Compagnie bildete die Avantgarde und
ich befand mich fast täglich zwölf Stunden im
Sattel. Oft glaubte ich vor Erschöpfung vom
Pferde sinken zu müssen, allein bei alledem
besserte sich mein Zustand von Tag zu Tag,

und als wir endlich nach Snybers Bluff zurück=
kehrten, hatte ich wieder Lebensmuth und Hoff=
nung. Mancher zurückgebliebene Kamerad war
indessen gestorben oder dem Hospital verfallen
und wir freuten uns herzlich, als endlich die
Ordre kam, wir sollten einen Theil der Be=
satzung von Vicksburg ausmachen. So rückten
wir denn in die Stadt ein und bezogen in
einem vormals blühenden, jetzt halbverwüsteten
Garten Quartier. Die neugewonnene Stadt
besaß eine Menge schön und großartig gebauter
Häuser, die meisten waren jedoch verlassen und
zu Hospitälern eingerichtet worden. Grant ließ
den kranken Rebellen die schönsten Hospitäler
und für uns wurden neue etablirt. Letzteres
that sehr noth, denn der größte Theil der Gar=
nison war krank. Auch der Zustand unserer Leute
verschlimmerte sich in der gräßlichen August=
hitze von Tag zu Tag. George und Rosen,
welche sich so lange gegen Fieber und Ruhr ge=
wehrt hatten, verfielen ebenfalls diesen schlim=
men Feinden. Wir wurden bald so matt, daß
wir nicht mehr im Stande waren, uns aufzu=
raffen. Unsere Pferde erhielten weder Futter

noch Wasser, rissen sich los und suchten das Weite. Auch Robertson entfloh eines Nachts und das war mir fast lieb, denn ich war nicht mehr im Stande, für ihn zu sorgen. Wie sterbende Fliegen krochen wir am Tage aus den Zelten nach einem leeren Pavillon, in welchem die Luft nicht ganz so erstickend heiß war, als unter dem leinenem Dach und lagen dort auf der Erde, — regungs= und besinnungslos, bis der Abend kam.

An einem solchen Tage erschien Adjutant Morgan im Lager und rief uns aus dem Pa= villon. Mit halberloschenen Augen stierten wir ihn an und er eröffnete uns, daß General W. ein Commando in Texas erhalten habe. Es sei dem General leider nicht möglich, seine brave Bodyguard mitzunehmen, da dieselbe ja unfähig wäre, irgend einen Dienst zu versehen. Morgan reichte jedem von uns beim Abschied die Hand, und als er in die einst so blühenden Gesichter sah, auf welche jetzt der Tod sein fahles Siegel gedrückt, wischte er sich die Augen — er wollte noch sprechen, allein er brachte vor Bewegung nichts über die Lippen, als die Worte: „O dieser

Krieg — dieſer entſetzliche Krieg!" dann wandte
er ſein Pferd, und verſchwand — auf Nimmer=
wiederſehen.

Stumm und empfindungslos blickten wir
ihm nach und krochen dann in den Pavillon,
um weiter zu duſeln.

General W. ging ohne uns nach Texas, wo
er unter Bank's Commando an jener unglück=
lichen Baumwollen=Expedition (wie ſie ſcherzhaft
genannt wurde) theilnahm. Da wir nicht wieder
mit dem großen General zuſammenkommen, ſo
will ich die Kriegsabenteuer desſelben gleich hier
zu Ende erzählen. In Texas begegnete dem
General der unangenehme Zufall, daß in dem
Moment, als der Zahlmeiſter bei ſeinem Corps
eintraf, um demſelben drei Monate Sold aus=
zuzahlen, die Feinde in's Lager ſtürmten, die
gefüllte Kriegskaſſe confiscirten und den General
und ſein Corps zu Gefangenen machten. Dieſe
Ueberraſchung ſoll dem armen Cadwalleder ſehr
unangenehm geweſen ſein; allein ſie hatte für
ihn ſelbſt weiter keine Folgen, als daß er ſeine
Gage einbüßte, denn kaum hatte der feindliche
General erfahren, daß der vortreffliche Ge=

neral W. sich unter den Gefangenen befinde, als er sofort Sorge für dessen Auswechslung trug. Da unsere Armee zufällig keinen hohen Rebellenofficier auf dem Lager hatte, so begnügte sich der Feind mit einem Oberst, gab dafür den General W. heraus und flehte den Himmel an, er möge diesem trefflichen Soldaten recht bald wieder ein Corps unter die Hände geben. Diesmal sandte Grant den ausgewechselten General jedoch als Platzcommandant nach Memphis, in dessen Umgebung es mittlerweile still und ruhig geworden war. Leider änderte sich dieser Zustand, sobald General W. seinen Fuß auf die Schwelle der Commandantur setzte. Forrest erschien plötzlich wieder ante portas und verbitterte dem neuen Platzcommandanten seine Stellung in der unangenehmsten Weise: Wagentrains und Eisenbahnzüge wurden abgefangen, Regimenter überfallen und Pikets abgeschnitten, ganz wie ehedem.

Als nun der Obergeneral verwundert bei Cadwalleder anfrug, warum er diesem schnöden Treiben Forrest's keinen Einhalt thue, entgegnete der Gemaßregelte schlau, er lasse den

Guerilla-Chef nur deshalb so dreist werden,
damit er ihn um so sicherer in eine bereits auf-
gestellte Falle locken könne.

Mit dieser Falle hatte der brave Mann leider
auch kein rechtes Glück, denn ehe die Falle zu-
klappte, fiel urplötzlich — an einem schönen,
stillen Nachmittage Forrest mit seiner ganzen
Cavallerie in die Stadt, trieb die Besatzung aus
Memphis hinaus bis hinter die Schanzen und
Erdwälle von Fort Pillow und der unglückliche
Cadwalleder sah sich genöthigt, ohne Hut und
Säbel aus seinem Hause zu rennen, sonst wäre
er zum zweitenmale in die Hände der Rebellen
gefallen. Zum Glück machte bald darauf Lee's
Unterwerfung dem Krieg ein Ende und somit
endete auch die Leidensgeschichte Cadwalleder's.
Er kehrte nach Lacrosse zu seiner Sägemühle
zurück, die er besser nie verlassen hätte. So
viel über das Schicksal des tapfern Generals.
Und nun muß ich den freundlichen Leser wieder
an die Orte des Jammers führen, allwo wir
auf Erlösung harrten.

Ein glühender Augusttag war zu Ende gegangen — im Pavillon hatte die Atmosphäre

die Temperatur eines Backofens und wir krochen
auf die Schwelle, um etwas Abendluft zu ge=
nießen, welche leider auch nichts weniger als
erfrischend war, da kam ein alter Herr mit
grauem, kurzgeschorenem Haar und einem milden
Gesicht, in welchem zwei hübsche blaue Augen
glänzten, in's Lager geritten und knüpfte eine
kurze Conversation mit George an. Nach einer
Weile winkte mir unser Lieutenant, näher zu
treten,. was ich nur unwirsch und langsam
that.

„Dies ist Capitain Wells, Post=Commissair
von Vicksburg" sagte George, indem er mit der
Hand auf den fremden Herrn deutete. „Dieser
Gentleman sucht für sein Büreau eine Ordonnanz,
welche die Verpflichtung hätte, Rechnungen für
gelieferten Regierungsproviant in die Hospitäler
und Häuser der Bürger zu tragen, Gelder ein=
zukassiren und ihn selbst auf seinen Ausflügen
zu begleiten. Der Dienst ist nicht schwer und
würde für Dich passen. Willst Du ihn an=
nehmen?"

So elend ich war, raffte ich mich doch zu
einem kräftigen Entschlusse auf. Mir war es

klar, daß Bewegung und Aufregung mir dringend Noth thaten, um nicht unterzugehen. Bereitwilligst erklärte ich dem alten Herrn, daß ich die Stellung annehmen und den mir auferlegten Verpflichtungen auf's Beste nachkommen wolle.

„Werden Sie auch nicht zu schwach sein, mein Sohn, zu einem Dienst, der zwar für einen Gesunden nur Spielwerk ist, welcher aber doch versehen sein will, denn am Schluß eines jeden Monats sende ich Sie mehrere Tage lang nach den fernliegendsten Corps und Hospitälern," wendete Capitain Wells mit gütigem Tone ein und überflog mein verkümmertes Gesicht.

„Haben Sie keine Sorge, Capitain! Es fehlt mir nur an Bewegung, Thätigkeit und nahrhafter Kost. Sie sollen staunen, wie bald ich mich erholen werde." Alle weiteren Bedenken des alten Herrn schnitt ich dadurch ab, daß ich das erste beste Pferd sattelte, meine Sachen darauf packte und mich selbst in den Sattel schwang, um meinem neuen Gebieter zu folgen.

Capitain Wells bewohnte ein weitläufiges Fabrikgebäude, dicht am Ufer des Stroms. In

der ehemaligen Fabrik befanden sich jetzt die
Regierungsmagazine und in dem Wohnhaus
des Fabrikanten hatte sich mein neuer Herr
sammt seinen Gehülfen einquartiert. Das Haus
besaß weite, luftig gebaute Zimmer im ersten
Stock — im Parterre befand sich der Speise=
saal und die Wohnung der Domestiken. Capi=
tain Wells hatte zu seiner Bedienung ein kleines
Heer von farbigen Mädchen, dann einen Koch,
einen alten Neger, welcher die Functionen eines
Kammerdieners versah und auf den Namen
Phil hörte und einen Pferdejungen, welcher
leider so arg stahl, daß ich ihn schon in den
ersten Tagen uns'rer Bekanntschaft fortschicken
mußte. Die farbigen Mädchen, welche meist
gut gebaut und jung waren, arbeiteten fast gar
nichts, denn die Wäsche für einige Herren und
die Küche zu versehen, ist kaum eine Arbeit zu
nennen für 8—10 junge Frauenzimmer. Ich
begriff kaum, zu welchem Zweck der alte, wür=
dige Capitän diese Damen unterhielt und glaubte
fast, er sei ein grauer Sünder, welcher sich in
der Rolle des Sultans gefiele; doch darin
täuschte ich mich gründlich. Capitän Wells war

über die Thorheiten der Jugend und das Laster
des Alters erhaben und setzte einen Stolz darin,
ein treuer Gatte und guter Familienvater zu
sein. Er hatte die jungen Frauenzimmer, welche
ohne Brod und Obdach waren, bei sich aufge=
nommen, aus Gründen reiner Menschenliebe —
es that ihm weh, die hübschen, jungen Dinger
verkommen zu sehen.

Onkel Phil war ein drolliger, alter Bursche
mit pechschwarzer Haut und eisgrauem Haar —
er arbeitete gern und lachte und sang den gan=
zen Tag. Sobald ich die Ehre hatte, mit Onkel
Phil bekannt zu sein, machte er mir im Bureau
ein weiches Bett zurecht und zeigte mir im
Wandschrank einige Flaschen. „Hier steht
Brandy — Whisky und Cherry —" sagte der
alte Phil — „wenn Sie Durst haben, bedienen
Sie sich, es ist von diesem Stoff genug vor=
handen. Der Brandy ist ganz besonders em=
pfehlenswerth, auch der Cherry ist nicht schlecht,
nur ein wenig matt — doch das ist Geschmacks=
sache und Sie werden natürlich erst jede Sorte
prüfen, um zu sehen, welche Ihrem Magen am
zuträglichsten ist." — Onkel Phil lächelte schlau

und wünschte mir eine gute Nacht. Da es spät
war, legte ich mich zur Ruhe, allein trotzdem
meine neue Stellung mir sehr wohl gefiel, konnte
ich doch nicht schlafen, denn ein Schwarm von
Mosquitos schwirrte durch das Haus und zer=
nagte unbarmherzig meine gelbe Haut, trotz dem
Schleier, welcher über meinem Kopfe hing.
In den letzten Tagen des August war meine
Beschäftigung eine sehr angenehme. Der Ca=
pitain sandte mich höchstens zwei= bis dreimal
des Tages in nahegelegene Hospitäler, die übrige
Zeit beschäftigte ich mich freiwillig mit schrift=
lichen Arbeiten auf dem Bureau. Einmal der
Apathie des Lagers entrissen, erholte ich mich
bald ein wenig in dem kühlen Hause und an
der reichbesetzten Tafel des gütigen Capitains.
Marx hatte kaum erfahren, daß ich der Maga=
zinverwaltung beigegeben sei, so besuchte er mich
und als ich ihm im Bureau ein großes Glas
Brandy kredenzte, schwor er, daß ich täglich auf
seinen Besuch rechnen könne. Das gute Glück
wollte es, daß ich schon am zweiten Tage mei=
nen Robertson wiederfand. Der Arzt eines
Infanterie=Regimentes ritt ihn und als ich dem

Herrn sagte, daß er mein Pferd annectirt habe, bat er um Entschuldigung und sandte mir am Abend desselben Tages den geliebten Freund in's Haus. Das arme Thier sah auch elend aus, nur seine Augen blitzten noch immer so scheu und wild, wie in den Tagen des Glücks zu Memphis. Ich freute mich herzlich, daß ich nun die üble Behandlung der letzten Tage wieder gut machen könne und fütterte ihn mit dem besten Hafer, badete ihn allabendlich im kühlen Strom und vergrub ihn fast in weicher Streu. So kam das abgemagerte Thier rascher zu Kräften, als ich selber.

Eines Abends sandte mich der Capitain mit Rechnungen in das Hospital eines Rebellen= regiments. Das Haus lag auf einer Anhöhe südlich von der Stadt und war von einem schat= tigen Garten umgeben. Als ich in die Haus= flur trat, staunte ich über die kühle Luft, welche mir entgegenwehte und setzte mich auf einen Rohrstuhl, um mich abzukühlen und meinen vom Ritt erschöpften Gliedern Ruhe zu gönnen. Das Haus schien einem reichen Besitzer ange= hört zu haben, denn die Einrichtung desselben

zeugte von gutem Geschmack. In großen gol=
denen Rahmen hingen ein halbes Dutzend Oel=
gemälde an den Wänden des Vorzimmers. Neu=
gierig betrachtete ich die Köpfe, welche ich für
Familienbilder hielt, und wer beschreibt mein
Erstaunen, als ich die Portraits vaterländischer
Helden erkannte. Da war hoch oben Freund
Blücher, dicht an seiner Seite die Generale
York, Scharnhorst und Gneisenau, auch der edle
Körner weilte unter den Portraits der unsterb=
lichen Helden und seine Dichterstirne zierte ein
Lorbeerkranz.

Mir ward beim Anblick dieser vaterländischen
Heroën in dem fernen Lande ganz wehmüthig
um's Herz und ich hätte für mein Leben gern
erfahren mögen, wer der frühere Besitzer des
Hauses gewesen sei. Als ich in das Bureau
des Oberarztes trat, und ihm die Rechnungen
einhändigte, sagte dieser: „Wollen Sie nicht
eine Viertelstunde bei mir verweilen, bis ich die
Rechnungen mit meinen eigenen Aufzeichnungen
verglichen habe?!"

Ich frug den Arzt, ob er nicht wisse, wer
der frühere Besitzer dieses Hauses gewesen sei;

dieser verneinte meine Frage, bemerkte jedoch, es befände sich eine Negresse im Hause, welche bei dem frühern Besitzer desselben gedient habe, jedenfalls werde diese mir die gewünschte Aus= kunft geben können. Ich trat in den Garten und schaute mich nach der fraglichen Person um, allein sie war nirgends aufzufinden. Auf der Gartenbank eines Rondels, welches eine freie Aussicht auf den Strom gestattete, saß ein Soldat der Südstaaten. Der Mann sah recht bleich und abgezehrt aus, auch trug er eine große Schmarre im Gesicht, welche von einem Streifschuß herzurühren schien. Ich setzte mich an seine Seite, in der Hoffnung, etwas über den Besitzer des Hauses zu erfahren, allein er wußte nicht die geringste Auskunft hierüber zu geben. — „Sind Sie Reconvalescent?" fragte ich, um ein Gespräch anzuknüpfen, den bleichen Menschen. Dieser lächelte bitter und sagte: „Ich war schon oft Reconvalescent, allein ich werde niemals gesund. Dies Klima läßt ja keinen Kranken zu Kräften kommen."

Ich konnte bei dieser Bemerkung ein „leider" nicht unterdrücken.

„Weshalb kehren Sie denn nicht in Ihre Heimat zurück?" fragte ich weiter. „So viel ich weiß, ist die ganze entwaffnete Besatzung der Stadt in ihre Heimat entlassen worden."

„Wie gern ging auch ich nach Hause," seufzte der Mann und blickte sehnsüchtig nach Norden, von wo der Strom in einer weiten Serpentine durch die sumpfigen Niederungen herabfloß, — „allein die Hospitalschiffe sind überfüllt, die wenigen Dollars, welche die Fahrt kostet, habe ich nicht und bis ich Antwort auf einen Brief erhalte, den ich vorgestern an meinen Vater abgesandt, kann es 14 Tage dauern, denn meine Familie wohnt etwa 6 Meilen von Memphis und kommt selten Jemand in die Stadt, um nach Briefen zu fragen."

„Sie sagten: Ihre Heimat läge bei Memphis?" Der Mann nickte zustimmend und da ich ihn aufmerksam betrachtete, war es mir, als hätte ich sein Gesicht schon irgendwo gesehen und ich fragte ihn nach seinem Namen. „Ich heiße Owen!" antwortete der Mann. — Owen! Der Name klang mir so bekannt und doch konnte ich mich nicht besinnen, wo ich denselben einmal gehört; plötzlich fiel mein Auge auf eine niedere Gartenthüre, welche mit einer Kette verschlossen war und diese Thüre erinnerte mich an den Auftritt im Garten jener Farm an der Straße von Hernando, wo Marx und ich unsere abge=hetzten Pferde tränkten und woselbst die alte Dame uns die Thüre nicht öffnete, so daß ich dieselbe mit einem Fußtritt sprengte.

„Ihr Papa hat das Aussehen eines ehr=würdigen Landgeistlichen," sagte ich in freudigster Erregung.

„Ja!" erwiderte der kranke Soldat und blickte staunend auf.

„Ihre Mutter ist eine sehr ängstliche Frau?!" —

„Ja!"

„Dagegen besitzen Sie eine hübsche, blonde Frau und ein kleines, blondes Mädel mit zwei treuen, blauen Augen und einem allerliebsten Stumpfnäschen. Die Kleine ist das verjüngte Abbild Ihrer Schwägerin, welche Ihrem Bruder verlobt war." Der Mann an meiner Seite war sprachlos vor Staunen, dann faßte er mei=

5 *

nen Arm in beide Hände, drückte ihn krampf=
haft und rief: „Sie kennen meine Familie!"

Ich bestätigte dies nochmals und erzählte
ihm die Scene, welche ich in seinem Vaterhause
erlebt hatte. Der arme Mensch nagte heftig an
den Lippen, als ich mit meiner Erzählung zu
Ende kam, dann sprang er auf und rief mit
auflodernder Energie: „Ich muß heimkehren,
oder ich sterbe. Ganz gewiß! Sobald ich meine
Familie wieder habe, lebe ich auf und werde
gesund. Aber wie komme ich nach Hause —?
Ich kann doch nicht diesen endlosen Weg zu
Fuß laufen, dazu reicht meine Kraft nicht aus
und doch —"

Ich unterbrach das Selbstgespräch Owen's
und sagte: „Wenn Sie als Deckpassagier nach
Memphis gehen wollen, kostet die Fahrt kaum
5 Dollars und diese kleine Summe kann ich
Ihnen geben, und ich bitte Sie sehr, das Geld
von mir anzunehmen. Sie können es mir ja
zurückerstatten, wenn ich einst wieder nach
Memphis komme. Gehen Sie deshalb morgen
zum Post Marshall und bringen Ihre Papiere
in Ordnung, dann besuchen Sie mich dort in

dem großen Fabrikgebäude, dessen hohe Schorn=
steine dicht am Ufer des Flusses emporragen
und ich geleite Sie an Bord eines Dampfers,
welcher zur Abfahrt bereit liegt, und gebe Ihnen
die wenigen Dollars, welche ich heute zufällig
nicht bei mir trage." — Der Mensch sah mich
an, wie Jemand, der eine Vision hat. Ich eilte
auf die Veranda, wo mir der Oberarzt die re=
vidirten Rechnungen unterzeichnet zurückgab und
ritt nach Hause. Tags darauf erschien Owen
mit Sack und Pack und zeigte seinen Paß vor.
Ich begleitete ihn zu Pferd nach dem Quai,
wo der General Pfuel gerade zur Abfahrt
bereit lag. Dort gab ich ihm das Geld zur
Passage, schenkte ihm auch eine kleine Flasche
Cherry und drückte ihm die Hand: „Grüßen
Sie Ihre liebe Familie von mir," bat ich „und
Ihr kleines Mädel müssen Sie in meinem Na=
men küssen."

Der arme Teufel war von dem unerwar=
teten Glückswechsel ganz verwirrt. Menschen,
welche ein dankbares Herz besitzen, sind in der
Regel schlechte Redner und so vermochte auch
er mir kaum ein Wort des Abschieds zu sagen,

nur seine nassen Augen sprachen für ihn, und
als ich dem abgehenden Dampfer nachblickte,
sah ich, wie er mir noch aus weiter Ferne mit
den abgemagerten Händen ein Lebewohl zu=
winkte. Es lagen viele Dampfer am Ufer und
da mich Capitain Wells beauftragt hatte, nach
einem Schiffe zu sehen, welches Eis für die
Hospitäler aus dem Norden bringen sollte, so
ritt ich dicht am Wasser vorbei und musterte
die Ladung derselben. Ich war bis zu einem
Dampfer gekommen, auf dessen Steuerhaus man
die Inschrift las: City of Alton. An meiner
linken Seite befand sich ein großes Backstein=
gebäude, welches von der Belagerung sehr ge=
litten hatte; das Dach sammt den Fenstern war
ganz zertrümmert, und nur die kahlen Außen=
wände standen gleich einer verwitterten Ruine
dicht am Strande. Aus dem Schiffe trugen
eine Anzahl geschäftiger Neger kleine Holzkasten,
welche Hohlgeschosse enthielten. Das Schiff war
also mit Munition beladen. Während ich sorg=
los an der Breitseite der City of Alton vorbei=
reiten wollte, um weiter nach dem Eisschiff zu
forschen, tönte plötzlich dicht an meiner Seite

im Bauche des Schiffes ein dumpfer donner=
ähnlicher Knall. Robertson erschrak und machte
einen so gewaltigen Seitensprung, daß ich mich
mit einem Schlage unter dem Thore der Ruine
befand, dann vernahm ich ein Krachen, als berste
der Kegel des Aetna — ein greller Schein
blitzte auf und gleichzeitig warf ein furchtbarer
Luftdruck mich und mein Pferd fast um, und
wir flogen bis weit in das Innere des ver=
fallenen Gebäudes; dann verfinsterte sich die
Sonne und nach einigen Sekunden ging ein
Prasseln los, als stürze der Himmel ein sammt
allen Sternen. Um mich her flogen Balken,
Bomben, todte Neger, Backsteine, Mauerstücke
und Bretter. Wie besessen raste Robertson von
Wand zu Wand und ich fürchtete, das Thier
renne sich wie mir an den Mauern den Schä=
del ein. Endlich ließ der furchtbare Hagelschlag
nach. Um mich her lagen schrecklich verstüm=
melte Körper — Glieder und Rumpfe von
Negern — und eine Unzahl von eisernen
Sprengstücken. — Ich befühlte meinen Körper,
betrachtete mein Pferd, wir waren — wie durch
ein Wunder — unverletzt geblieben. Schüchtern

ritt ich in's Freie, um mich zu überzeugen, was denn eigentlich geschehen sei und staunend sah ich, daß die City of Alton, welche vor weniger als einer Minute so stolz und maje=stätisch vor Anker lag — verschwunden war. Eine Explosion hatte sie in die Luft geblasen und gleichzeitig die Räder und Seitenwände von drei andern Dampfern stark beschädigt. Von einem Schiffsbeamten, welcher tödtlich ver=wundet aus dem Flusse gezogen wurde, erfuhr man die Ursache des gräßlichen Vorfalls. Das Schiff war mit Pulver und selbstentladenden Geschossen angefüllt. Beim Ausladen wollte ein Neger ein solches Geschoß von einem Ge=rüste nehmen und ließ es zur Erde fallen, wo es dicht beim Pulver explodirte und so die ganze Mine springen machte. Das Schiff und 28 Menschen waren dabei zu Grunde gegangen. Hätte Robertson's Schreckhaftigkeit mich nicht so zeitig hinter die Mauer gebracht, wir wären beide in Stücke gerissen worden. Von seltsa=men Gedanken bewegt, bahnte ich mir einen Weg durch die Schaaren der herbeiströmenden Menschen, welche alle das Werk der Zerstörung mit ansehen wollten und ritt unserer Wohnung zu. — „Bist Du jetzt wieder einer großen Gefahr wie - durch ein Wunder entkommen, um schließlich doch in diesem Fieberloch der Pest zum Opfer zu fallen?" sagte ich unterwegs zu mir selber. „Es darf nicht sein. Bald ist die schlimmste Zeit vorüber und wenn die Macht des Willens über dies schwankende Gebäude — Körper genannt — nicht die Herrschaft verliert, muß ich gerettet werden. Darum den Kopf hoch, und den Muth nicht sinken lassen."

Diese Worte der Selbstermunterung thaten mir im höchsten Grade noth, denn mit Ablauf des Monats August wuchs die Hitze, statt abzunehmen, und nun begann eine Arbeit für mich, der ich nicht gewachsen war. Abrechnungen für einige 50 Hospitäler und etwa 30 Privatfamilien oder Stabsofficiere lagen zum Austragen bereit, und von des Morgens fünf bis Abends neun Uhr kam ich nicht aus dem Sattel. Drei Pferde ritt ich an jedem Tage müde und der Staub und die Hitze machten mich toll. Wenn ich spät des Nachts auf mein Lager sank, glaubte ich, mein Rücken müßte brechen, mein

Kopf glühte und das Fieber schüttelte mich heftiger, als je. Am 5. September sollte ich eine Batterie am Südende des Lagers aufsuchen und konnte sie nicht finden. Nach stunden= langem Suchen ritt ich zu einem kleinem Hause am Rande eines Feldwegs und bat eine alte Frau, welche auf einer Bank vor dem Hause saß, um ein Glas Wasser. Während die Frau in die Küche trat, um meine Bitte zu erfüllen, fühlte ich ein tolles Flimmern vor meinen Augen, dann kreiste die Gegend um mich her, ich schwankte und fiel bewußtlos zur Erde. Als ich wieder zu mir selbst kam, lag mein Kopf im Schooße der alten Frau, und ihre Tochter kühlte durch einen nassen Verband meine Stirne, welche ganz zerschlagen war.

„Du lieber Himmel, wie elend sehen Sie aus!" sagte die Alte. — Wie können Sie sich unterstehen, bei solcher Gluthitze auf dem schatten= losen Felde umherzureiten!"

„Der Dienst, liebe Frau —"

„Ach, was Dienst —" eiferte die gute Alte. „Sie sollten in ein Hospital gehen, und sich von Andern bedienen lassen. Stützen Sie sich

auf unsere Schultern und kommen Sie in's
Haus, damit wir Ihnen eine Limonade be=
reiten." Das gutherzige Weib und ihre Tochter
führten mich in ein freundliches Zimmer, wo
ich in einem Schaukelstuhle Platz nahm. Mit
liebenswürdigem Lächeln kredenzte mir das
Mädchen nach einer Viertelstunde eine Limonade,
welche matt war, wie die der Louise Millerin,
allein sie wurde mit gutem Herzen gegeben, und
ich trank sie freudig bis zum letzten Tropfen
aus. Als ich mich nach Verlauf von einer
Stunde etwas erholt hatte, drückte ich den gütigen
Frauen dankend die Hand und ritt nach der
Stadt zurück. Auf dem Bureau angelangt, er=
zählte ich Capitain Wells den Unfall, welcher
mich betroffen und sagte ihm mit tiefem Be=
dauern, daß meine Kräfte für die Erledigung
seiner Geschäfte nicht ausreichend seien, und daß
ich — so leid es mir auch thue — in die Com=
pagnie zurückkehren müsse. — Der gütige Mann
blickte mich mitleibig an und murmelte kopf=
schüttelnd: „Poor Boy!" dann legte er eine
Zehn=Dollarsnote in meine Hand, als Gra=
tification für meine Dienste und meinte, ich

müffe nach dem Norden gebracht werden, sonst
erlebe ich den erften October nicht mehr.

Ich schüttelte troftlos den Kopf und ent=
gegegnete: „Wie wäre das zu ermöglichen?"

„Sie sollen Ihren Abschied haben, mein
Sohn," versetzte der Capitain mit edler Auf=
wallung und stülpte den Hut auf seine Stirne.
„Lassen Sie mein Pferd vorführen und be=
gleiten Sie mich zu Major Townsend. Dieser
Herr ist mein Freund und wird mir die Bitte
kaum verweigern." Ich kannte den Major,
welcher in Abwesenheit des Generals Logan
dessen Geschäfte erledigte. Wells stellte mein
elendes Gesicht dem Major vor und bat ihn,
einem braven Soldaten, welcher mit diesem
kranken Körper mehr als seine Pflicht gethan
habe, seinen Abschied zu verschaffen. Townsend
zeichnete sich meinen Namen auf und versprach
des Capitains Bitte zu erfüllen.

Als ich in's Lager zurückkehrte, fand ich den
jungen Lieutenant George im Sterben. — Ich
erschrak, als ich das gelbe Todtengesicht des
sonft so blühenden Jungen plötzlich vor mir
sah. Ich wollte gar nicht an diese rasche ent=

setzliche Umwandlung glauben. Tief erschüttert,
hielt ich mit Noth die Thränen zurück. —
Marx erzählte mir, daß der arme George die
Verschlimmerung seines Zustandes zum Theil sich
selbst zuzuschreiben habe: um der Diät, welche
ihm die Aerzte verordneten, zu entgehen, hatte
sich der verblendete, arme Junge einer alten
Negresse in die Hände gegeben, welche sich für
eine Zauberin ausgab und ihn mit Wunder=
tränken und Besprechungen curiren wollte. Dieses
Weib brachte ihn denn auch mit vollendetem
Geschick bis an den Rand des Grabes, und
dann, als sie merkte, daß ihr Opfer rettungs=
los verloren sei, ließ sie sich nicht mehr sehen.
Der Sterbende lag bis spät in die Nacht be=
wußtlos auf seinem Lager, und nur zuweilen
faßte er krampfhaft mit den Händen in die
Luft und stieß schwache, heisere Schreie aus, —
dann, nach einer Weile, schlief er weiter. Marx
und ich blieben an seinem Bette sitzen. Im
Zelte brannte eine Lampe, deren helles Licht
durch einen Schirm von dünnen Blättern ge=
dämpft wurde. Die kranke Mannschaft schlief
in den leeren Zelten und auch bei Lieutenant

Meyer war kein Licht mehr. Der Biedermann sagte, als er George verließ: „Dies ist seine letzte Nacht!" dann ging er fort und legte sich auf's Ohr.

Gegen 11 Uhr richtete sich der Kranke mit geschlossenen Augen halb im Bette auf, krallte mit den Fingern in der Luft umher und wim= merte wie ein Kind. — Mir wurde es bang um's Herz, ich erfaßte seine Hände und nannte seinen Namen. Beim Ton meiner Stimme riß er weit die Augen auf und starrte mich an, mit einem Blick, leblos und kalt, als sei seine Seele bereits dem Körper entflohen. Fast eine Minute dauerte dieser Zustand, dann belebte sich das sonst so glänzende Auge ein wenig; er er= kannte mich und nannte meinen Namen. „Ach diese Träume!" sagte er, mit hohler klangloser Stimme. „Ich fürchte mich wieder einzuschlafen, denn die Träume quälen mich, daß ich ver= zweifeln möchte. Im Wachen ist mir noch nie etwas so Entsetzliches begegnet."

„Wie sind denn diese Träume beschaffen, George, daß sie Dich so erschrecken können?"

fragte ich beforgt und ftützte feinen abgezehrten
Körper.

„Mir war es eben, als ftünde ich in einem
alten dunkeln Klofter und plötzlich fenkte fich die
Kuppel nieder und die Wände rückten näher
und umfchloffen mich enger und immer enger;
die Heiligenbilder in den Nifchen verwandelten
fich in riefenhafte Neger mit fchwarzen, rollen=
den Augen und Krallen an den Händen, und
alle diefe Bilder wurden lebendig und bedrohten
mich — fie rollten über mich weg und ver=
fchwanden wieder; die Mauern aber fchloffen
fich enger und immer enger ein, und das Ge=
wölbe über mir drückte mich platt an die Erde,
und als ich zitternd, bebend und erkältet bis
in's Mark des Lebens, mich fragte: Wo bift
Du? — da war es mir, als hörte ich eine
Orgel braufen und aus weiter Ferne tönte ein
Grabgefang, melancholifch und fchauerlich, wie
die Chorgefänge eines Auto da fé. — Ach,
diefe Träume! Wenn ich doch nur ftark wäre,
um mich wach zu erhalten; allein ich fürchte,
es geht mit mir zu Ende." Der müde Kopf
des Kranken fank an meine Bruft. Die Augen

schloffen sich; besorgt hielt ich mein Gesicht an
seinen Mund — noch wehte mich ein matter
Odem an — noch lebte er. — Es trat eine
Pause stummer töbtlicher Erwartung ein. Plötz=
lich färbte eine leichte Röthe das gelbe Antlitz
des Sterbenden, und als er die Augen auf=
schlug, waren dieselben von einem matten Glanze
belebt.

„Er erholt sich,“ flüsterte Marx, — „viel=
leicht ist er doch noch zu retten.“ Eitle Hoff=
nung! Es war das letzte Aufflackern eines er=
löschenden Lichtes.

„Ich fühle mich bedeutend kräftiger!“ ver=
sicherte der Kranke nach einer Weile, „das
Athmen macht mir weniger Beschwerde, als
sonst; auch die eisige Kälte, welche noch oeben
meine Glieder lähmte, ist gewichen. Ich werde
gewiß bald wieder gesund sein. „Ganz gewiß,
George!“ versicherte ich tröstend. „Ehe die
Woche zu Ende, wirst Du Dich erheben können
und dann geht es mit Deiner Genesung rasch
vorwärts, denn die heiße Jahreszeit wird doch
auch bald vorüber sein.“

„Lieutenant Meyer muß mir dann Urlaub

verschaffen," plauderte der Kranke lächelnd weiter, „damit ich zu meiner vollkommenen Genesung Mary und meine Mutter besuchen kann. — Werden die sich freuen, wenn sie ihren George wiedersehen — und als Lieutenant. — Ich sehne mich recht sehr nach den kühlen Quellen von Wisconsin. — Ich bin so durstig!"

Auf dem Tische stand Limonade und ich reichte dem armen Freunde ein halbes Glas voll; allein er netzte nur die Lippen damit, dann wies er mit der Hand das Getränk zurück.

„Wenn meine Mutter denken könnte, daß ich so gefährlich krank darnieder läge — ich glaube sie stürbe vor Angst. Wie gut, daß sie es nicht weiß; allein ich bin gewiß, sie ahnt ein Unglück und träumt von mir. Unsere Seelen stehen in seltsamem Rapport zu ein= ander. Einst hatte ich einen kleinen Streit mit Mary; alle Liebende sind eifersüchtig und das kleine, liebe Ding hatte mit einem Schul= kameraden zweimal auf einem Balle getanzt. Es kam zu heftigen Worten zwischen uns und sie fuhr schmollend nach Hause, ohne mir ver=

söhnt die Hand zu reichen. Toll und leiden=
schaftlich wie ich war, fing ich mit meinem ver=
meintlichen Rivalen Streit an. Wir holten
Revolver aus einem Nachbarhause und wollten
uns schießen. Meine Mutter befand sich wäh=
rend der Zeit zu Hause und hatte sich längst
zur Ruhe begeben, allein sie fand keinen
Schlaf, immerwährend dachte sie an mich und
als die Uhr auf dem Vorplatz zwölf schlug,
sprang sie vom Bette auf, kleidete sich an und
lief in der kalten Winternacht durch den hohen
Schnee, um mich zu suchen. Sie fand mich
in dem Augenblick, als der Unparteiische Eins
zählte; schreiend warf sie sich an meinen Hals
und das Duell war aus! Es ist ein wunder=
bares Ding — das Herz einer Mutter —
wunderbar und unerklärlich." — George hatte
zu viel gesprochen; eine Art Krampf befiel seine
Hände und Füße und sein Gesicht wurde todten=
bleich. Ein schwerer Seufzer entrang sich der
kranken Brust, der Glanz der blauen Augen=
sterne erlosch, der Kopf sank auf die Kissen,
eine vollkommene Apathie trat ein, welche die
Lebensgeister nicht mehr zu überwältigen ver=

mochten. Die Lampe im Zelte verlöschte und
der Tag brach an. George war todt. — An
seinem Grabe weinte Lieutenant Meyer eine
höchst anständige Thräne, welche von den an=
wesenden Officieren des Regiments mit Achtung
bemerkt wurde. „Lieutenant Meyer ist ein
Mann von Herz!" flüsterten die Officiere. —
Natürlich! Heuchler trauern viel auffälliger
und mit mehr Geschick, als Männer, welche
Empfindung und Natur besitzen.

Zwei Tage später ritt der Biedermann
Meyer das Pferd des verstorbenen Collegen;
er wollte dafür der Mutter desselben zweihun=
dert Dollars gesandt haben, allein den Post=
schein der Geldsendung hat leider nie ein Mensch
gesehen.

Von allen Kameraden, welche mir der Tod
in so kurzer Zeit entrissen, vermißte ich keinen
so schmerzlich, als den muntern George. Seit
seine blauen Augen und sein lachender Mund
in die kühle Erde versenkt waren, schien es mir,
als liege die ganze Compagnie in den letzten
Zügen hoffnungsloser Agonie. Was hätte ich
darum gegeben, wenn ich noch einmal des

6*

fröhlichen Burschen herzliches Lachen hätte hören
können — das lustiger klang, als das Plät=
schern eines stürzenden Waldbaches. Es war
erstorben, verweht, verklungen, wie das Ab=
schiedswort Virginiens, wie die Lieder Almiras
und alle schönen Erinnerungen einer schaurig
süßen Vergangenheit. Alles um mich her war
welk, verblüht, schwankte am Rand des Grabes
und ich bat in sternenklaren Nächten das Schick=
sal, doch rasch ein Ende zu machen oder mich
zu erlösen aus diesem Thal der Thränen. Mit
fieberhafter Aufregung harrte ich der Stunde,
da mir Lieutenant Meyer den Abschied über=
reichen würde; allein eine ganze Woche ver=
ging und alle meine Fragen nach dem ersehnten
Document wurden mit „noch nichts da“ —
beantwortet.

Gegen Mitte des Monats September beglei=
teten zwölf Reiter unserer Compagnie eine kleine
Expedition, welche den Strom bei Millikens
Bend kreuzte und auf der Louisiana=Seite bis
zur Stadt Monroë vordrang. Marx, Rosen
und ich machten den Zug nach der ebengenann=
ten Stadt mit. So viel ich weiß, hatte die

ganze Expedition weiter keinen Zweck, als eine
Eisenbahnbrücke und ein Depot zu zerstören,
was denn auch in gründlicher Weise geschah.
Das Depot barg noch einige Waaren, die zur
Verschickung aufgestapelt lagen; ein Theil der=
selben wurde weggenommen, der Rest — meist
aus Baumwolle bestehend — verbrannt. Ich
raffte aus einer Ecke einen ärmlich aussehenden,
grauleinenen Quersack hinweg, welcher in der
Mitte unterbunden, zwei Abtheilungen enthielt.
Als ich auf Robertson's Rücken geklettert war,
löste ich das Band und untersuchte den Inhalt
des Sackes, welcher mich sehr an die Quersäcke
der Landleute meiner Heimat erinnerte. Auf
der einen Seite desselben fand ich drei rothe
Flanellhemden, drei Paar Socken, einen Kamm
und ein Pfund Seife, auf der andern einen
schwarzen Kasten, gefüllt mit gebranntem Kaffee,
dann ein Stück Schinken und eine geräucherte
Fleischwurst. Marx und Rosen stießen einen
Schrei der Ueberraschung aus beim Anblick dieser
Delikatessen und säbelten rasch einige Stücke
Schinken herunter. Ich hatte nachträglich noch
einen Brief gefunden, welcher zwischen den Woll=

hemden lag und las denselben auf dem Rück=
wege durch. Die Briefstellerin, welche sich als
liebende Gattin und Mutter dokumentirte, schien
nur unvollkommene Begriffe von der Kunst des
Schreibens zu haben, denn das Schriftstück
konnte in kalligraphischer Hinsicht als warnendes
Beispiel dienen; allein der Inhalt gefiel mir
und lautete ungefähr so:

„Edward!

„Seit drei Wochen brachte mir Nachbar
Parrot keine Botschaft von Dir und Niemand
wußte, wohin Dein Regiment gezogen sei. Wir
glaubten fast, es habe heimlich den Staat ver=
lassen und sei bis Texas zurückgewichen; da
endlich am Sonntag, spät in der Nacht, em=
pfange ich Deine lieben Zeilen, welche mir ver=
kündeten, daß Ihr Monroë besetzt haltet. Gegen
Mitternacht, dicht am Bette unsrer Edwina,
schreibe ich diese Antwort und morgen in der
Frühe, wenn die Nebel gefallen sind, soll Spar=
tacus über den See rudern und die eingepackten
Sachen nebst meinen Zeilen, von denen ich ge=
wiß bin, daß sie Dir Freude machen werden,

zur Station tragen. O Edward, mein innigst=
geliebter Mann, wie viel mehr Freude, als durch
diese armen Gaben, würde ich Dir und mir be=
reiten, wenn ich Dich daherzaubern könnte an
das Bett unsers Lieblings. Du glaubst es
nicht, wie rosig ihre Wangen sind und wie sie
selig schläft: die Arme über die Brust gelegt
und die Händchen gefaltet, wie zum Gebet. Sie
hat gebetet, als sie zur Ruhe ging und zum
ersten Male sprach sie die Worte, welche ich ihr
gelehrt, ganz allein und ohne Hülfe her. Ge=
wiß, Du kannst es glauben! — O das gute
Ding macht so große Fortschritte, und die alte
Sally meint: sie sei ein kleiner Engel, die süße
Edwina. Hättest Du gehört, welchen Ton sie
in die Worte legte; man glaubte, er käme direkt
aus ihrem kleinen Herzen und obgleich ich das
Gebet so oft aus ihrem Kirschenmunde gehört,
klang es mir doch wie Sphärenmusik, als sie
die großen Augen zur Decke aufschlug und mit
gefalteten Händen die Worte sprach:

„Lieber Gott über'm Sternenzelt,
Du regierst und lenkst die Welt,
Sende heim den Vater mir,
Und ich danke knieend Dir. Amen!"

Beim Amen bricht sie regelmäßig in ein Jubel=
geschrei aus und klatscht, vor Freude über ihre
wunderbare Leistung, in die kleinen Patsch=
händchen, und ich weine vor Schmerz, daß Du
uns fehlst und all' diese süßen Augenblicke ent=
behren mußt. Doch ich will nicht klagen und
Dir das Herz schwer machen, wo Du des Trostes
und der Ermuthigung so sehr bedarfst. — Die
Nachricht von Vicksburg's Fall ist bis zu uns
gedrungen und ich hoffe zuversichtlich, der un=
selige Krieg wird bald zu Ende gehen und Du
wirst frei werden. Das Vaterland verheiratheter
Bürger liegt zunächst in ihrer Familie, und
nur, wenn ein Krieg ganz unvermeidlich ist,
sollte das große, ganze Vaterland sich wehren.
Vielleicht, daß ich mich irre und auch Partei=
interessen gewahrt werden müssen — ich weiß
es nicht. Ich stehe auf dem Standpunkt eines
Weibes, dem man den Mann geraubt hat und
als solche hasse und verdamme ich jeden Krieg.
Edward! täglich sehe ich mehr ein, welche Sünde
die Sklaverei ist und das Betragen des braven
Spartacus beschämt mich zuweilen so, daß ich
keine Worte finde, um ihm zu danken. Wir

waren oft hart und unwirsch gegen ihn und
seine Familie, und nun, in Zeiten der Noth
und des Unglücks, wo sich alle beleidigten
Sklaven rings um uns her schwer und blutig
rächen, bleibt der brave Mann uns treu und
er wie all' die Seinen, verdoppeln ihre An=
strengung — ihre Aufmerksamkeit — ihre Liebe
gegen mich. Noch heute Abend sagte der brave
Mensch: er werde uns nie verlassen — komme,
was da wolle. Ich weiß nicht, wie wir das je
gutmachen sollen; die Freiheit ist das wenigste,
was wir ihnen geben können.

„Wir haben letzten Monat, trotz der entsetz=
lichen Hitze, wenig Krankheitsfälle gehabt.
Edwina litt nur an den Zähnen, im Uebrigen
blieb sie kerngesund; das macht, ich habe sie
zweimal des Tages, das thut ihr so wohl — sie
patscht mit den fetten Händchen in's Wasser
und gegen die zarte, weiße Brust und will sich
dabei ausschütten vor Lachen — nur wenn die
Seife in's Gesicht kommt, bricht sie den Frieden
und schlägt sich auf die Seite der Opposition;
—doch Du kennst das ja aus Erfahrung. Mir
geht es körperlich wohl; nur die Sehnsucht nach

Dir.... Du weißt ja selbst, wie es Dir um's Herz ist, noch schlimmer steht es mit mir, denn ich denke Tag und Nacht an Dich, und bitte den lieben Gott, er möge Dich beschützen und zu uns zurückführen, wo Dich vier Arme fest umschließen werden und vier Lippen Dich küssen — Tag für Tag, bis an das Ende uns'res Lebens. Gott schütze Dich, Edward! Sende uns umgehend weitere Nachricht und empfange tausend Küsse und Grüße von Deiner —

Maggie."

Ich faltete den Brief zusammen und barg ihn in meiner Brusttasche — hätte ich den Adressaten zu finden gewußt, gern hätte ich mein erbärmliches Leben daran gewagt, ihm denselben zuzustellen, allein der Quersack trug einen Zettel mit der Aufschrift: Edward King, Lieutenant im 4. Regiment der Texas Rangers. Dies Regiment lag vielleicht noch gestern in Monroë, — heute kamen die Zeilen der armen Maggie zu spät und fielen einem Feinde in die Hände. — In recht gedrückter Stimmung ritt ich weiter über die staubige Straße. Matt senkte ich den Kopf — die Sonnenstrahlen hatten die rechte Gluthitze des Mittags. Wir befanden uns an der Tête der Brigade und machten zuerst auf einer reichen, schattigen Plantage Halt. Der Commandirende gönnte den Truppen eine Stunde Rast, und Marx schlug sich in's Gehöfte der Plantage, wo er rasch mit den erbeuteten Kaffee= bohnen eine Blechkanne voll Mokka präparirte und einige Stücke Maisbrod einhandelte. Wir hatten eben unsere Mahlzeit verzehrt, als Lieu= tenant Meyer mich herbeirief und mir im Na= men des Commandirenden den Auftrag gab, nach Monroe zurückzureiten, um ein zurückge= bliebenes Negerbataillon, welches in Millikens Bend garnisonirte, zurückzurufen.

„Konnten Sie keinen Würdigern für diese anstrengende Mission finden, als mich), der mit einem Fuß bereits im Grabe steht?" sagte ich matt zu Meyer, aus dessen zwinkernden Augen die lauernde Falschheit blickte.

„Sie haben das beste Pferd und die Sache hat Eile," erwiderte der Compagnie=Chef und grinste höhnisch. Wüthend schwang ich mich in den Sattel und jagte pleine chasse den Weg zurück, den ich gekommen. Als ich in Monroe anlangte, stand der Schaum auf Robertson's Rücken. — Sorglos ließ ich das, in Eile ab= ziehende Bataillon vorausmarschiren und blieb mit Robertson im Schatten eines Vordaches halten, wo ich einen alten Weißkopf fragte, ob er nicht eine Limonade von Blackberry=Wein herstellen könne. Der Mann bewilligte meine Forderung, bot mir einen Platz im Schaukel= stuhle an und ging selbst zur Küche, um das stärkende Getränk zu bereiten. Als er zurück= kehrte, plauderte ich mit dem gefälligen Alten und fragte ihn, welche Richtung das Regiment der Texas Rangers genommen habe. Da jener nicht recht mit der Sprache heraus wollte, er= zählte ich ihm die Geschichte des erbeuteten Quersacks und zeigte ihm den gefundenen Brief mit der Bemerkung, daß ich diese Zeilen we= nigstens dem Lieutenant zustellen mögte.

„Behalten Sie den Brief immerhin zum An= denken," sagte der Alte schlau lächelnd, „denn wenn mich nicht Alles trügt, befindet sich das Regiment des Lieutenants jetzt in der Nähe des kleinen See's, an welchem die Heimat desselben liegt, und King wird unter allen Umständen

seiner Familie wenigstens einen kurzen Besuch
abstatten."

Diese Aussage beruhigte mich einigermaßen
und als ich den kühlen Trank geleert hatte,
eilte ich mit Robertson dem Bataillone nach.
Bald war dasselbe erreicht und da in der Son=
nenhitze der Marsch desselben nur sehr schlep=
pend vor sich ging, setzte ich Robertson leicht
die Sporen ein und jagte dem Bataillone vor=
aus, auf dem staubigen Wege weiter. Robertson
war an diesem Tage ebenso schlecht gelaunt, wie
sein Herr — er scheute vor jedem Fetzen Papier,
lief manchmal wie besessen und war dann wie=
der nur mit Mühe über einen Hügel zu brin=
gen. Als es zu dunkeln anfing, mehrte sich
der Eigenwille des Thieres und es stutzte vor
jedem Baumstamm, bis ich zuletzt ärgerlich wer=
dend, eine Ruthe schnitt und es damit so ener=
gisch auf die Schultern hieb, daß es in flie=
gendem Galopp bis in das Lager zu Millikens
Bend eilte. Als ich am Strom angelangt, aus
dem Sattel sprang, war das scheue, capriciöse
Thier so naß, als wäre es einem Dampfbad
entronnen. Ich hatte das letzte Bataillon der

Brigade noch rechtzeitig erreicht, und dieses wurde eben auf eine Dampffähre gebracht, um über den Fluß gesetzt zu werden; auch ich drängte mich in die Fähre und das Schiff ging ab. Kaum waren wir einige Fuß vom Lande ab, so fühlte ich, daß die Stelle, auf welcher ich mich mit Robertson befand, einer eiskalten Zugluft ausgesetzt sei. Besorgt hing ich dem nassen Thiere die Wolldecke über, allein den Platz konnte ich mit dem Pferde nicht verlassen, denn wir waren zwischen den Infanteristen förmlich eingekeilt. Nach einer viertelstündigen Fahrt auf dem kalten Wasser landete das Schiff und ich sah, daß uns're Brigade nicht weit vom Fluß die Nacht über lagerte. Es hielt nicht schwer, meine Kameraden aufzufinden. Sie hockten alle um ein Feuer. Nachdem ich Ro= bertson an einem Pflock befestigt und in Decken gehüllt hatte, schüttete ich ihm Futter vor und legte mich dann todtmüde an's Feuer, wo ich bald in einen unruhigen Schlummer verfiel. Mitternacht war schon vorüber, da weckten mich die tückischen Mosquitos; weil nun das kalte Fieber mich gleichzeitig zu rütteln anfing, erhob ich mich und lief eilig beim Feuer auf und ab. Die Nacht war todtenstill und mondhell. Am jenseitigen Ufer des Stroms flackerten die Lager= feuer von Millikens Bend; allein kein Ton drang von dort zu uns herüber, die Negerregi= menter, welche da lagerten, schliefen, gleich mei= nen Kameraden. Marx hatte den Kopf zum Schutz gegen die Mosquitos in eine Wolldecke gehüllt; trotzdem hörte ich sein lautes Athmen; dieser Bursche hatte von uns Allen die vortreff= lichste Constitution, seine Gesundheit schien un= erschütterlich zu sein. Meine Blicke fielen beim Umherlaufen auf die Gruppe der ruhenden Pferde. Die armen Thiere hatten am vergan= genen Tage wieder eine schwere Strapaze durch= gemacht — und gar Robertson; wie viele Mei= len weiter hatte er mich getragen, in der glü= henden Sonnenhitze. Ich war ihm eine Extra= Gratification schuldig. Rasch ergriff ich den Futtersack und ging zu meinem vierfüßigen Freunde. Derselbe stand noch da, wie ich ihn vor dem Schlafengehen verlassen hatte, nur war sein Kopf hoch aufgerichtet und er schien die helle Mondscheibe observiren zu wollen, denn

seine Augen betrachteten aufmerksam das silberne
Gestirn. Lächelnd öffnete ich den Futtersack,
allein da ich den Hafer auszuschütten gedachte,
sah ich mit Befremden, daß das ganze Futter
vom Abend her noch unberührt an der Erde lag.
Ich streichelte den Hals des Thieres und als
ich es ansprach, berührte es sanft meine Wange
mit seiner Stirne. Ich schüttete noch etwas
Hafer an die Erde und es spitzte die Ohren,
allein den Kopf senkte es nicht. Aengstlich wer=
dend, bedeckte ich meine Hand mit den Körnern
und hielt sie dicht an des Thieres Maul, allein
es fraß nicht. Robertson war krank! Dies
Bewußtsein erfüllte mich mit einem so heftigen
Schrecken, daß plötzlich das Fieber seine Kraft
verlor. Schmeichelnd lehnte ich mich gegen den
Bug des Thieres, kraute seinen Kopf und plau=
derte mit ihm, als wolle ich seine Schmerzen
hinwegscherzen; allein Robertson nahm wenig
Notiz von meiner Angst, — unverwandt schaute
er nach der großen Mondscheibe, welche all=
mälig ihre hellen Strahlen verlor, denn der
Morgen dämmerte herauf. Wol eine halbe
Stunde konnte ich so verbracht haben und eine

schwüle Angst preßte mir das Herz zusammen,
da endlich ging die Sonne auf und Marx erhob
sich von seinem Lager.

„Marx!" rief ich dem schlaftrunkenen Freunde
zu, welcher gähnend seine Glieder reckte — „bitte
komm einen Augenblick hierher, mir scheint, Ro=
bertson ist krank." — Der Angerufene schnalzte
mit der Zunge, schob die Hände in die Tasche
und trat vor das Pferd hin. Eine Weile blickte
er auf des Thieres unbeweglichen Kopf, dann
auf das unberührte Futter, und nach minuten=
langem Sinnen trat er einen kleinen Schritt
zurück, holte wie zum Schlage aus und fuhr
dicht mit der Faust an Robertson's Augen vor=
bei. Das Thier rührte sich nicht. Marx blieb
wie gebannt stehen, schaute mich sehr ernst an
und sagte dann: „Robertson ist blind!"

Mir klangen diese drei Worte in's Ohr wie
ein Todesurtheil in letzter Instanz. —'Unglücks=
fälle, welche uns in den Tagen des Glücks be=
trüben, bringen uns in den Tagen des Grams
zur Verzweiflung. Ein begüterter Kaufmann,
welcher im Schooße einer glücklichen Familie
lebend, plötzlich den Verlust seines halben Ver=

Elcho, Wilde Fahrten. IV. 7

mögens erfährt, wird bitter lächeln und sagen:
„Ein großer Verlust, aber kein unersetzlicher —
fangen wir wieder von vorne an." Der Ban=
querottirer aber, welcher sich von den Leuten
verspottet sieht, die in den Tagen des Glücks
an seiner Tafel saßen — und der mit bren=
nenden Augen und grollendem Herzen durch das
Gewühl der Straßen rennt, wo ihm ein Gassen=
junge seine Uhr entwendet, kann bei der Ent=
deckung dieses unbedeutenden Verlustes derart
gereizt werden, daß er ächzend in die Worte
ausbricht: Ich seh' es wohl, daß die ganze Welt
sich gegen mich verschworen hat und es bleibt
mir nichts mehr übrig, als — ein Strick.

Auch meine Lebensgeister waren derart
deprimirt, daß ich glaubte, mit Robertson's
Verlust sei auch mein Untergang gewiß. Wie
zur Bildsäule erstarrt, stand ich neben dem er=
blindeten Freunde und sah in die trübgewordenen
Augen desselben, bis auch die meinen umflort
wurden und ich endlich mein Gesicht in die
wallenden Mähnen des Thieres vergrub und
schluchzte, als stände ich am Grabe meiner
Mutter. Wir gingen nach Vicksburg zurück,

und als wir dort eintrafen, fanden wir unsern
Lagerplatz besetzt und sahen uns genöthigt auf
den Bergen dicht am Strom ein Unterkommen
zu suchen.

Meyer ließ die Zelte auf der Kuppe eines
Felsens aufschlagen, dessen steile Wände fast
senkrecht in den Strom hinabtauchten — er
behauptete, die Luft auf den Bergspitzen sei ge=
sünder; — und darin mochte er nicht unrecht
haben. Ich bekümmerte mich um nichts mehr,
als um mein erblindetes Pferd. Wie ein Nacht=
wandler war ich nach der Stadt gekommen, ich
erfuhr kaum, was unterdessen vorgegangen,
fragte auch nicht mehr, ob mein Abschied
eingetroffen sei; — ich war im Voraus über=
zeugt, man werde mir die altbekannte Antwort
geben. Marx curirte an Robertson's Augen
mit allen erdenklichen Säften, allein kein Bad
und kein Trank half. — Der arme Freund
blieb blind.

Eines Tages kam Meyer und weckte mich
aus meiner Lethargie. „Dieser Tage werden
wir zu einer Expedition am Black River gegen
die Truppen des General Johnston comman=

7 *

birt werden, deßhalb laſſe ich Ihren Robertſon in's Carrel bringen und gebe Ihnen das Pferd des kranken Mies," die Worte des Lieutenants jagten mir einen tödtlichen Schreck ein. Der Schurke hatte die Abſicht, mir weh zu thun, das war klar. Er wußte, wie ſehr ich an dem Pferde hing, und wußte auch, daß ich es zu ſehr liebte, um es freiwillig dem Jammer des Carrellebens preiszugeben.

Ich zitterte vor Aufregung und ſtieß nur mühſam die Worte hervor: „Wenn Sie die Abſicht haben, mir dies Pferd zu nehmen, um es dem Hunger und den roheſten Mißhand= lungen preiszugeben, ſo erkläre ich Ihnen, daß ich das verhindern werde, und ſollte es mein Leben koſten!"

„Sind Sie Compagniechef?" entgegnete Meyer höhniſch, und wandte ſich zum Gehen. „Bis heute verſah ich dieſe Function und werde mir auch ferner von Niemanden in's Handwerk pfuſchen laſſen." Eine grenzenloſe Wuth be= mächtigte ſich meiner; ich hätte ihm nachſpringen und ihn ermorden mögen; allein Marx, welcher während der ganzen Unterredung an meiner

Seite gestanden hatte, zog mich auf eine Bank nieder und sagte: „Behalte kaltes Blut, Freund, und laß uns ein vernünftiges Wort zusammen reden. — Robertson ist mir eben so sehr an's Herz gewachsen, als Dir selber, allein ich sehe leider ein, er ist für uns verloren. Verlassen wir die Gegend, um in's Innere dieses Staates vorzudringen, so wird eine Revision der Pferde angeordnet und das blinde Pferd fällt, mit oder ohne Meyer's bösen Willen, dem Carrel anheim."

„Das wird nie geschehen und sollte es meinen Kopf kosten," rief ich erregt aus.

„Wohl! So bleibt uns nur ein Rettungs= weg für Robertson übrig," fuhr Marx kaltblütig fort, „und das ist: der Tod. — Wir führen ihn morgen in aller Frühe nach der Felswand und enden sein Leben durch einen Schuß, oder durch einen Schlag mit der Axt; kommt dann Meyer, um ihn abzuholen, so sagen wir: das blinde Pferd habe sich in der Nacht losgerissen und sei von der Felswand gestürzt. — So haben wir wenigstens seine Absicht vereitelt und triumphiren."

Der Vorschlag meines Freundes, so bitter
und schmerzlich er mir anfangs erschien, wurde
mir nach reiflicher Ueberlegung durch die Noth=
wendigkeit aufgedrungen. Wollte ich das Thier
nicht dem Elende des Carrels preisgeben, so
blieb mir keine andere Wahl.

Morgens um 4 Uhr führte ich mit zittern=
der Hand den erblindeten Freund, der mir
zweimal das Leben gerettet hatte, durch das
Gebüsch seitab vom Lager, zu einer Felswand,
welche fast senkrecht abfiel. Marx hatte sich
mit einer schweren Axt bewaffnet, während ich
einen scharfgeladenen Revolver trug. Ersterer
hatte mir gerathen, das Pferd an den Felsen
zu stellen und ihm einen Schlag vor die Stirne
zu versetzen, welcher es betäuben sollte, so daß
es taumelnd, durch einen Ruck am Zügel vor=
wärts stürzen würde. Diese Todesart hielt
Marx für rathsamer, als einen Schuß, welcher
Aufsehen erregen mußte. Er suchte mir, durch
eine lange Beweisführung klar zu machen, wie
schmerzlos, fast wohlthuend ein solcher Schlag
vor die Stirne für den Delinquenten sei und
erzählte mir Fälle, wo er selbst beim Tanz

und sonstigen geselligen Vergnügungen in Streit
gerathend, mit einem Todtschläger vor den
Kopf geschlagen worden sei, wobei er nicht viel
mehr gefühlt habe, als ob ihm Jemand mit
einem nassen Tuche zwischen die Augen schlüge;
erst als man ihn später durch Essigäther und
andere Reizmittel in's Leben zurückgerufen, sei
er durch einen dumpfen Kopfschmerz belästigt
worden. So harmlos die Erzählungen meines
Freundes auch klangen, so war es mir beim
Anblick der blanken Axt doch so weh um's
Herz, als sollte ich selbst das Schaffot besteigen,
und als sich plötzlich dicht vor uns, der Abgrund
öffnete, zitterten meine Kniee heftig und meine
Hände waren so kraftlos, daß Robertson sammt
seinem Herrn nahezu ohne Schlag vor den
Kopf von dem Felsen herabgestürzt wäre.

Vom Strom herauf wehte ein frischer stär=
kender Morgenwind, und Robertson hob den
Kopf hoch und sog mit offenen Nüstern die
kühle Luft ein; dann schüttelte er die Mähnen,
streckte den Hals lang aus, als wolle er die
Rennbahn durchfliegen und wieherte — seit
langer Zeit zum ersten Male wieder — so

kräftig, daß es klang, als sei die stolze Brust
von Stahl und der straffe Hals, mit den vollen
Adern, aus Bronce gegossen. — Ich wandte
die Augen ab von dem herrlichen Bilde. Ein
tiefes Weh durchzuckte mein Herz, als Marx
mir zurief: „Gieb Acht!" — Ich streckte noch
einmal die Hände aus, umschlang den stolzen
Nacken und küßte die Mähnen, als sei es das
Haar Virginien's. — Das Thier ahnte nicht
die Gefahr, in welcher es schwebte, die erblin=
deten Augen starrten umnachtet in' das Licht
der strahlenden Morgensonne und der Huf
scharrte die Erde — es wollte Futter haben.
Ich hob den Revolver vom Boden auf, und
Marx holte aus, um das stolze Meisterwerk der
Natur vor meinen Augen zu zerstören. — Die
Rückseite der Axt schwirrte durch die Luft. —
Der Schlag war gut gezielt, allein in dem
Augenblicke, als das Eisen sich auf die Stirne
senken wollte, zuckte der breite Kopf zur Seite
und die Axt streifte den Hals des Thieres. —
Ich schrie laut auf, doch gleichzeitig berührte
mein Zeigefinger den Drücker des Revolvers.
Der Schuß traf das Pferd dicht unters Ohr

und mit einem weiten Sprunge flogen seine Hufe über den Abgrund. Ein dumpfer Fall erfolgte, dann ein Rollen, und als ich fast zu= sammenbrechend vor Aufregung, auf die Schulter meines Freundes gelehnt, in die Tiefe hinab= schaute, erkannte ich an den weiten Kreisen auf der Oberfläche des Stroms, daß Robertson in den Fluten des Mississippi ein kühles Grab ge= funden habe.

Als Meyer gegen acht Uhr des Morgens in unser Zelt trat und nach dem blinden Pferde fragte, lag ich auf der Streu an der Erde und kehrte ihm den Rücken zu. Marx erzählte ihm das ersonnene Märchen und Meyer verließ das Zelt mit der Drohung, er werde die Sache auf's strengste untersuchen lassen. Ich beachtete seine Worte nicht und verfiel in einen Zustand dumpfer Trostlosigkeit, welcher mich noch elender machte, als ich es vordem gewesen. — Ich fing an jede Hoffnung sinken zu lassen. Da eines Abends, als die Luft kühl geworden, riß mich Rosen fast gewaltsam aus dem heißen Zelte und beschwor mich, Muth zu fassen und mich nicht selbst aufzugeben, sonst stehe mir das

Enbe des seligen George in den nächsten Tagen
bevor. — Ich stützte mich auf den Arm des
Freundes, dessen Körper selbst schwach und kraft=
los geworden war, und so schwankten wir mehr
als wir gingen bis zum Rande des Lagers, wo
die Landstraße vorüberführte und nahmen auf
der Treppe eines halbzerstörten Hauses Platz,
um die vorbeifahrenden und reitenden Personen
zu betrachten.

Plötzlich wirbelte eine Staubwolke auf und
eine kleine Gesellschaft eilte zu Pferde, über den
Hügel kommend, der Stadt zu. Gleichgültig
sahen wir einige Officiere auf stolzen Pferden
dahin galoppiren, doch als sie näher kamen, er=
kannte ich General Mac Pherson und an seiner
Seite die Herren Townsend und Wells. Die
Blicke des Letzteren fielen auf unsere gelben
Gesichter und als er ganz in unserer Nähe war,
lenkte er sein Pferd zur Seite und rief, während
seine Begleiter weiter eilten: „Sind Sie noch
in Vicksburg mein Sohn? — Ich glaubte Sie
seien längst im Norden.“

„Mein Discharge ist bis jetzt noch nicht

ausgefertigt worden," — gab ich in wehmüthigem Tone zur Antwort.

„Das muß ein Irrthum sein," rief Wells mit allen Zeichen des Mitleids und der Angst. „Townsend erzählte mir vor etwa vier Tagen schon, das Dokument sei Ihrem Compagniechef übersandt worden. — Ist Lieutenant Meyer im Lager?" fragte der gütige Mann.

Ich war so verwirrt bei dieser Nachricht, daß ich kaum ein Wort über die Lippen brachte und nach heftigem Schlucken erst antwortete ich: „Lieutenant Meyer ist nach der Stadt ge= ritten."

„Morgen früh sende ich Ihnen Nachricht über diesen Gegenstand. Ist der Discharge durch irgend einen Zufall · verloren gegangen, so geschehen sofort die nöthigen Schritte, damit ein Duplicat ausgefertigt werde. Abieu!" — Ich saß sprachlos vor Staunen neben meinem Freunde Rosen und schaute dem fortreitenden Wells nach.

„Hier liegt eine Schurkerei des Lieutenants vor," sagte Rosen nach einer Weile. — „Sprich mit Niemand über die Sache, als höchstens mit Marx und warte die Nachricht des Capitains ab."

Wir suchten langsam unser Zelt auf. — Die angebrochene Nacht wollte für mich kein Ende nehmen: Fieber und die quälendste Unruhe marterten mich fast zu Tode; endlich brach der Tag an und kaum war es 8 Uhr, so kam Onkel Phil in's Lager geritten mit einem Billet, welches meine Adresse trug und folgende Zeilen enthielt:

„Theurer Herr!

„Am 9. September a. c. ist Ihrem Compagniechef der gewünschte Discharge durch eine Ordonnanz zugestellt worden. Hat Herr Lieutenant Meyer das Document verlegt oder verloren, so begeben Sie sich sofort auf die Post-Marshalls-Office, woselbst Recherchen angestellt und im Nothfall ein neuer Discharge für Sie ausgefertigt werden wird. — Achtungsvoll — Wells." Von Marx begleitet, begab ich mich sofort nach Meyer's Zelt. Dieser hatte sich soeben erst vom Lager erhoben und sah uns beim Eintreten sehr befremdet an."

„Was wollt Ihr!“ herrschte er uns ent=
gegen.

„Ich will meinen Discharge!“ gab ich mit
großer Bestimmtheit zur Antwort.

„Sobald mir derselbe eingesandt wird, er=
halten Sie ihn,“ war die kalte Erwiderung auf
mein Verlangen.

„Sie sind ein Lügner und infamer Schurke,
Lieutenant!“ schrie ich bebend vor Wuth. „Hier
lesen Sie diese Zeilen und händigen Sie mir
sofort meinen Discharge ein, oder ich leite die
Recherchen der Militairbehörde auf die richtige
Fährte und noch diese Nacht befindet sich ihr
Degen, den sie durch die unwürdigste Handlung
befleckt haben, nicht mehr in Ihren Händen.“ —
Der Compagnieführer war todtenblaß geworden
bei meinen heftigen Ausfällen und seine Hand
griff nach dem Revolver, allein Marx legte
seine schwere Faust auf den Arm des Herrn
Lieutenants und die Waffe rollte zur Erde.

Zitternd las der Elende die Zeilen durch,
dann öffnete er rasch einen Koffer, wühlte den
Inhalt desselben um, und zog endlich ein Papier
hervor, welches ich entfaltete und als meinen

Abschied erkannte. Derselbe war vom 9. Sep=
tember datirt.

„Mit diesem Papier könnte ich Sie wenig=
stens unschädlich machen," fuhr ich fort. „Sie
hatten die Absicht, mich untergehen zu lassen,
das sehe ich jetzt klar ein: Sie wußten; daß ich
in diesem Pestloch sterben würde — und zwar
in kürzester Frist — darum haben Sie dies
Papier unterschlagen; Sie hatten die Absicht,
mich tief zu verwunden, indem Sie mir das er=
blindete Pferd fortnehmen wollten und ersannen
zu dem Ende eine bevorstehende Expedition —
und das war eine schwarze Lüge. Ich könnte
Sie strafen, allein ich will es nicht, denn noch
heute muß ich fort von hier. — Ich überlasse
Sie der Zukunft — Sie werden der Nemesis
doch nicht entgehen — elender Schurke!" —
Auf Marx gelehnt, welcher während meiner
Philippika eine Cigarre in Brand gesetzt hatte,
und jetzt dem bleichen Lieutenant eine dichte
Rauchwolke in's Gesicht blies, verließ ich das
Zelt des Biedermanns. Rosen richtete mein
Gepäck her und eine halbe Stunde später ritt
ich, von Marx und Rosen begleitet, aus dem

Lager, nach dem Flußufer hin. In jenen Tagen gingen fast stündlich Dampfer nach dem Norden, und so befand ich mich bald an Bord eines abgehenden Schiffes, das mehr als 400 entlassene und beurlaubte Soldaten stromaufwärts führte.

Der Abschied von Marx und Rosen wurde mir schwer — recht schwer. Marx wollte mir beweisen, daß er auch in dieser Stunde den Humor nicht verloren habe, allein diese Beweisführung mißlang. Als ich ihm zum letzten Male die Hand reichte, wandte er sich rasch ab und lief, gleich Rosen, zu den am Ufer haltenden Pferden, ohne ein Wort des Abschieds hervorgebracht zu haben. — Gute treue Herzen, nie werd' ich Euch vergessen! Bald hatte ich die Stadt, unter dessen Mauern und in deren Umgebung mehr als die Hälfte unserer Compagnie begraben lag, hinter meinem Rücken.

Die Fahrt bis Cairo gehörte für mich zu den beschwerlichsten, welche ich je überstanden habe. Man denke sich ein Dampfboot, so überfüllt mit Menschen, daß kaum zwei Drittel der Passagiere des Nachts ein Lager fanden, ein

Drittel mußte sitzend in den Schlaf zu kommen
suchen. Ich war einer von jenen Pechvögeln,
welche während einer viertägigen Fahrt nur
eine Nacht ihre Glieder auf den harten Schiffs=
planken ausstrecken konnten. Dabei kamen mir
die Nächte auf dem Wasser so eisig kalt vor,
daß ich stundenlang vom Fieber gerüttelt wurde.
Helena und Memphis gingen an mir vorüber,
wie verwitterte leere Grabmäler. — Was nützen
uns im frostigen Spätherbst die Erinnerungen
an blühende, heitere Frühlingstage! Unser Herz
fühlt nur die Wehmuth, — daß diese Tage
vorüber sind. Ein Schaudern durchzog meinen
Körper, — ich glaubte die Hand des Todes zu
fühlen und ich murmelte ungeduldig, fast ver=
zweifelnd: „Vorwärts nach Norden!" Lang=
sam und keuchend setzte die Maschine ihre Schau=
feln in Gang und endlich, nach langem Harren
und Sehnen landeten wir in Cairo. Hier harrte
meiner eine kleine Ueberraschung. Ich war in
einen Weinkeller hinabgestiegen und verlangte
ein Abendbrod nebst einer halben Flasche Roth=
wein. Ein schöner junger Herr mit braunen
Locken servirte mir das Verlangte, und ich er=

kannte den schönen Louis aus Helena, meinen
alten Freund. „Kennst Du mich nicht mehr,
schöner Louis!" sagte ich schwachlächelnd zu dem
elegant gekleideten Garçon.

„Habe nicht die Ehre!" erwiderte dieser, in=
dem er flüchtig seine Blicke über mein Gesicht
gleiten ließ. — Ich nannte meinen Namen und
Louis faßte mich erschrocken bei der Schulter,
dann sagte er nach einer Weile im Tone tiefsten
Bedauerns: „Gerechter Himmel, wie siehst Du
aus — wie siehst Du aus!?"

Der schöne Louis war ein Mann von Herz
und Gefühl; er bemühte sich um mich mit der
Sorgfalt eines Bruders und wies mir sein
weiches Bett an, in welchem ich eine erträglich
gute Nacht verbrachte. Als ich am nächsten
Morgen zum Bahnhofe ging, um nach Cin=
cinnati zu fahren, begleitete er mich bis an den
Waggon und füllte meine Taschen mit belegten
Butterbroden und Früchten der verschiedensten
Art. — In später dunkler Nacht langte ich in
Cincinnati an und ein deutscher Fuhrmann
führte mich in eine Spelunke, welche einen
Schwaben zum Besitzer hatte. Dieses Gasthaus

erinnerte mich lebhaft an's Lager von Vicks=
burg: die Betten waren härter und schmutziger
als die der lüderlichsten Soldaten und wenn es
auch an Mosquitos mangelte, so erhielt ich von
blutlechzenden Insekten einer andern Spezies
mehr Bisse, als mein geschwächter Körper ertra=
gen konnte. Ich mußte einigemale das Federbett
verlassen und erwartete schließlich, auf zwei
Stühlen sitzend, den Aufgang der Sonne ab.
Der Frühstückstisch des biedern Schwaben stand
zu den übrigen Vorzügen des Hôtels in trefflich=
ster Harmonie; man glaubte in einer Dorfschenke
Schlesiens oder des Vogtlandes zu frühstücken,
so schlecht war er bestellt. Die Rechnung dagegen,
welche mir der brave Landsmann machte, trug
die Zahlen eines guten Hôtels. In diesem
Punkte wenigstens rivalisirte der Schwabe mit
seinen bestrenommirten Collegen.

Als ich die leichter gewordene Börse in die
Tasche geschoben und mein Gepäck auf die
Schulter genommen hatte, begleitete mich der
galante Wirth bis zur Schwelle seines gastlichen
Hauses. Ein leichter Landauer, auf dessen
breitem Vordersitz eben ein fetter Junge von

18—20 Jahren Platz nahm, hielt vor der Thüre.

„Chrischtöffle!" rief mein Wirth dem Fuhr=mann zu. „Da nimm den Herrn Soldate mit auf Deine Wage — er will au nach dem Ofcht=bahnhof." — Ich hielt diese freiwillig ange=botene Fahrt für eine kleine Entschädigung alles dessen, was ich in der Schenke des Schwaben genießen mußte und kletterte mühsam auf den Wagen, der mich in wenig Minuten nach dem Bahnhof brachte. Als ich abstieg, dankte ich dem Fuhrmann, welchen ich für den Sohn des Wirthes hielt; allein Chrischtöffle erwiderte meinen Dank durch die lakonische Bemerkung: „Nit Ursach! — Es koscht zwei Dollars." — Sprachlos vor Verwunderung glotzte ich in Chrischtöffles unreinliche Züge und brach endlich in die Worte aus: „Ihr seid ja eine Halsab=schneiderbande!"

Chrischtöffle schien diese Bemerkung nicht zu goutiren, denn er erhob seinen Peitschenstiel, stieß einige Flüche aus und drohte mir mit einer Tracht Prügel, wenn ich nicht sofort zahle. Glücklicherweise standen einige Ameri=

8 *

kaner in der Nähe, von denen mich einer fragte,
weßhalb der Mann auf dem Wagen mir drohe.
Ich erzählte dem jungen Mann, wie sehr meine
Landsleute mich geprellt hätten und daß man
mir auch noch für eine freiwillig angebotene
Fahrt zwei Dollars aus der Tasche zu stehlen
gedenke.

Die Amerikaner der schlechtesten Sorte —
und die Herren, welche mich umstanden, schienen
zu dieser Kategorie zu gehören — tragen bei
all' ihren Untugenden doch eine gewisse Vor=
liebe für Vertheidigung des Rechts in ihrer
Brust und so stellten sich im Nu einige trotzige
Gesichter auf meine Seite.

„Willst Du Hund einem kranken Soldaten,
der aus dem Felde kommt, sein Geld aus der
Tasche stehlen?" schrie der Vorderste und riß
mit einem Griff dem verdutzten Chrischtöffle die
Peitsche aus der Hand. In der nächsten Se=
kunde knallte das eroberte Marterinstrument
um Chrischtöffle's rothe Ohren und wäre nicht
das Pferd durch den Knall erschreckt, sammt
dem Fuhrwerk und seinem darauf befindlichen

Herrn davongerannt, so hätte der treue Schwabe jämmerliche Prügel geerntet.

Der unangenehme Vorfall und die darauf=folgende Fahrt hatten mich so elend gemacht, daß ich bei meiner Ankunft in Cleveland nur mit Mühe den Wagen verlassen konnte. Ein alter, mitleidiger Herr bot mir einen Sitz in seinem Buggy an und führte mich nach dem Hause meines Freundes, welchem ich von Memphis aus Virginie empfohlen hatte. Hier hoffte ich etwas über das Schicksal des geliebten Mädchens zu erfahren. Das Haus war schon geschlossen und als ich an die Läden klopfte, erschien eine alte Magd unter der Thüre und sagte nur: ihre Herrschaft sei zu einem Sänger=fest nach Steubenville gefahren.

Diese Nachricht machte mich sehr trostlos und als mein Begleiter mich fragte: „Was wollen Sie jetzt thun?" bat ich ihn, er möge mich nach einem guten Hôtel bringen, ich sei ent=schlossen, nach Newyork zu reisen.

Der gütige alte Herr wandte sein Pferd um und brachte mich in ein Hôtel, welches nicht allzuweit vom Bahnhof entfernt lag, und em=

pfahl mich bringend der Sorge einer liebens=
würdigen Wirthin. — Tags darauf verließ ich
wieder mit der Railroad Cleveland, ohne über
Virginiens Aufenthalt das Geringste erfahren
zu haben.

Auf die weichen Plüschsitze des Waggons
ausgestreckt, ließ ich mich von der dahinbrau=
senden Locomotive an den herrlichen Gestaden
des Sees vorbeiführen. Es war ein prächtiger
Herbsttag geworden und die vielen Passagiere,
welche in dem großen Waggon saßen, betrach=
teten fast alle mit heiteren, lachenden Gesichtern
die schönen Ufer des Erie=Sees, woselbst eine
stolze Farm an die andere grenzte. Mittags
speiste die ganze Gesellschaft auf dem Bahnhof
in Erie City. Auch ich genoß etwas Hühner=
suppe und kletterte dann in den Wagen zurück,
wo ich erschöpft in den sesselartigen Sitz sank.
Kaum hatte ich Platz genommen, so füllte sich
der Wagen wieder mit den übrigen Passagieren
und endlich, als die Glocke schon zur Abfahrt
rief, trat eine hohe, bildhübsche Dame in den
Waggon. Diese Frau trug einen Korb am
Arme und hinter ihr liefen zwei blonde Mädchen

im Alter von 4 und 6 Jahren, mit Gesichtern,
so treu und unschuldig, daß man sie hätte um=
halsen und küssen mögen. Die Dame war, mit
ihren Engelsköpfchen zur Seite, bis in die Mitte
des rollenden Wagens getreten, und ihre brau=
nen Augen überflogen die Reihen der Sitze,
welche fast alle gefüllt waren; endlich blieben
ihre Blicke auf den drei Plätzen haften, welche
dicht neben mir unbesetzt geblieben waren. Hatte
man meine Nähe gemieden aus Mitleid, oder
aus Scheu vor meinem Aussehen, ich weiß es
nicht. Die Dame kam mit ihren Kindern näher,
faßte mich in's Auge und sagte: „Wird es Sie
nicht belästigen, wenn ich und meine Kinder
diese Plätze in Beschlag nehmen?"

„Es wird mir angenehm sein, Madame!"
entgegnete ich und bald saß die schöne Frau
mit ihrem Jüngsten zur Seite, mir gegenüber,
in dem Sessel neben mir aber rutschte das älteste
Töchterchen und betrachtete mich, nachdem sie
ihr Kleidchen geglättet hatte mit den treuen
blauen Augen so besorgt, als wolle sie mich
fragen, was mir denn eigentlich fehle. Der
Zug brauste weiter und ich schaute durch's

Fenster in die lachende Herbstlandschaft. Aus
dem grünen Laub der Fruchthaine blickte das
goldgelbe, überreife Obst. Von Zeit zu Zeit
sah ich verschiedene Obstsorten hochaufgestapelt
im kurzgemähten Grase liegen und die Kinder
des Farmers füllten runde Körbe mit dem duf=
tigen Obst und trugen sie in's Haus. Wie
blühend und frisch sahen diese Menschen aus —
gewiß die mußten glücklich sein.

„Ich möchte auch gesund sein — und dann
eine kleine Farm besitzen," — seufzte ich —
„und zwar hier an den Ufern des spiegelglatten
Sees, auf dessen tiefblauen Wellen die Sonne
tanzt und blitzt, daß wir das geblendete Auge
abwenden müssen, damit es sich in dem dunkeln
Grün der Gärten und Wälder wieder ausruhe.
Fast über eine Stunde waren wir so dahin ge=
rollt und über den wandelnden Panoramen, an
denen sich mein Auge erfreute, hatte ich meine
Nachbarinnen ganz vergessen. Plötzlich tupfte
ein Finger auf mein Knie und vor mir stand
der kleine Engel, welcher bis jetzt ruhig an
meiner Seite gesessen und trug in seinen Händ=

chen eine Schale, auf welcher eine mächtige blaue Traube ruhte.

„Verschmähen Sie mein Geschenk nicht, Herr Soldat," sagte die blondlockige Kleine mit ihrer klaren Silberstimme und schaute mich bittend an.

Diese freundliche Ueberraschung kam mir so unerwartet, daß ich ganz verwirrt wurde und kaum wußte, was ich thun sollte.

Bitte, geben Sie meinem Töchterchen keinen Korb!" sagte die Mama lächelnd. „Eine Traube dürfen Sie schon genießen, wenn Sie auch krank sind."

„Sie sind zu gütig, Madame!" sagte ich, noch immer zögernd. „Ich wüßte kaum, wie ich Ihre Güte erwidern sollte, und möchte nicht undankbar erscheinen."

„Ein Geschenk, welches auf Erwiderung hofft, verliert den Namen Geschenk. Ich bitte, nehmen Sie!" Die Augen der Dame warfen mir einen Strahl so gewinnender Güte zu, daß ich mein Herz mächtig bewegt fühlte. Ich nahm die Traube vom Teller und fragte das kleine Mädchen: „Willst Du so gut sein, und mir

sagen, wie Dein Name ist, damit ich meinen
Freunden das liebe Kind nennen kann, welches
so freundlich gegen einen kranken Soldaten
war?"

„Ich heiße Anna Lindsay!" versetzte der
Blondkopf erröthend und legte die leere Schale
auf den Schooß der Mutter.

„Und wie heißt Du?" frug lächelnd die
Mutter das Nesthäkchen an ihrer Seite. „Sag'
es dem Herrn."

„Ich heiße Helena Lindsay!" antwortete
diese verschämt und schmiegte sich an ihre Mama
an. „Ich werde es nie vergessen!" antwortete
ich und aß einige Beeren. Auch die Kinder
erhielten Trauben und schmausten vergnügt,
wobei Anna Lindsay gesprächig und zutraulich
wurde und mir erzählte, daß diese Trauben auf
der Farm ihrer Großmama bei Middletown gewachsen seien, und daß die Großmama einen
kleinen Schimmelpony besitze, welcher so zahm
sei, daß man ihn mit einem Stückchen Brod
in's Haus locken könne und daß sie oft auf
dessen Rücken gesessen; Onkel Eton habe ihn
nur am Zügel geführt und so sei sie stunden-

weit über Land geritten. Die Mama hörte
wohlgefällig dem Geplauder ihrer kleinen Anna
zu und erklärte mir, daß sie während der Ernte-
zeit mit den Kindern in ihrem elterlichen Hause
auf Besuch gewesen sei und jetzt wieder zu ihrem
Gatten zurückkehre. Die junge Dame erkundigte
sich dann recht theilnehmend nach meinem
Schicksal und der Ursache meiner Krankheit. Als
ich ihr Manches darüber mitgetheilt hatte, sagte
sie tröstend: „Sie werden sich im Norden bald
erholen. Der Herbst ist sehr mild und wird
Ihnen wohlthun. Beschäftigen Sie sich nur mit
irgend etwas — gehen Sie viel spazieren und
vor Allem, verlieren Sie die Hoffnung nicht, —
dann wird noch Alles gut gehen." Die milden
Worte der schönen Frau klangen mir so glück-
verheißend in's Ohr, daß ich mich getröstet und
gestärkt fühlte. Es war fast Abend geworden
und der Zug näherte sich der Station Dunkirk.
Meine Begleiterin rüstete sich zum Aussteigen.
Sonderbar! so kurz diese Bekanntschaft war, so
that mir der Abschied herzlich leid. Mir war
es so wohl in der Nähe dieser gütigen Frau
und ihrer lieben Kinder. In solcher Gesellschaft

wäre ich gern bis Newyork gefahren, dann hätte ich gewiß weder Langeweile noch Trübsinn verspürt.

„Dunkirk!" rief der Conducteur und Lady Lindsay erhob sich. Ich wollte gleichfalls auf= springen, um ihr den Korb zu tragen, allein sie legte ihre Hand leicht auf meine Schulter und sagte: „Bitte, bleiben Sie! Noch sind Sie nicht stark genug, um sich mit solchen Lasten zu be= schweren."

Die Kinder reichten mir die Händchen zum Abschied, die Dame warf mir noch einen Blick warmer Herzensgüte zu, dann wandte sie sich nach dem Ausgang des Wagens, gefolgt von den kleinen Engelsköpfen. Ich blieb im Sessel, öff= nete das Fenster und schaute der Frau nach, deren gütiges, liebevolles Wesen mir so wohl= gethan und dachte daran, wie großes Unrecht man in meiner Heimat den Frauen Amerikas zufügt. Weil einige Newyorker Shobbies in Dresden und Stuttgart als Modepuppen das Trottoir unsicher machen und wenige weibliche Chauvinisten in der Emancipationsfrage zu weit gehen, verdammt man das ganze weibliche Ge=

schlecht dieses Landes, und spräche Fanny Lewald
nicht zuweilen ein Wort der Vertheidigung oder
Anerkennung, man hielte heute noch jede Ame=
rikanerin für ein Stückchen Lola Montez, oder
Adah Jsaac Menken.

Lady Lindsay sprang auf den Perron und
die Arme eines Mannes mit schwarzem Bart
und dunkelm Teint umschlossen das schöne Weib
und der Mund desselben küßte ihre weiße Stirne;
die Kinder schrieen wie aus einem Munde:
„Welcome Pa!!!" und der schlankgebaute Mann
ließ die Frau aus seinen Armen gleiten und
herzte die artigen Kinder mit lauter Freude;
dann nahm er das jüngste auf den Arm, führte
das andere an der Hand und schritt über den
Perron der Colonnade zu, vor welcher eine
Landkutsche hielt. Jetzt erst sah ich, daß Lady
Lindsay einer hohen Frauengestalt, welche mir
den Rücken zukehrte, die Hand reichte und dann
von dieser unterstützt in den Wagen stieg. Dies
Frauenbild kam mir bekannt vor. Die schweren,
schwarzen Flechten hatte ich schon irgendwo be=
wundert — und dies dunkelfarbige Kattunkleid
— wo hatte ich das doch schon gesehen—? Jetzt

erblickten die Kinder das fremde Mädchen und
Anna streckte die Arme aus und rief: „Wir
sind wieder da, Virginie!" Rasch drehte sich
die Angerufene um, fing die Kleine in ihren
Armen auf und da sie sich erhob, blickte ich in
Virginiens dunkle Augen.

Sprachlos vor freudigem Schreck saß ich am
Fenster! Ein Schrei wollte sich aus meiner
Brust losringen, allein ich preßte die Lippen
zusammen und kämpfte die Aufwallung meines
Herzens nieder. Wie Blitze schossen hundert
Gedanken durch mein Hirn. Das Mädchen
schien glücklich zu sein. Natürlich! Im Schooße
einer solchen Familie mußte sie sich wohl fühlen.
Sollte ich sie dieser Umgebung entreißen und
an ein Krankenbett fesseln? Nein. Ich schämte
mich, ihr mit diesem Todtenantlitz unter die
Augen zu treten. Und doch hätte ich ihr so
gern ein Lebewohl zugerufen — wer konnte
wissen, ob ich in drei Tagen noch lebte. Sie
war so schön und gut — ich hatte ja Niemanden
sonst auf der weiten Erde, der an meinem
Krankenlager ein Wort des Trostes und der
Liebe spräche, hatte Niemanden, der meinem An=

denken ein nasses Auge des Beileids weihte,
wenn der Tod mich abrief.

„Virginie!" sagte ich halblaut, als sich das
schöne braune Mädchen mit dem rosigen Blond=
kopf auf dem Arm zum Wagen wandte. Sie
drehte sich beim Klang meiner Stimme halb=
erschreckt um. Dieser Ton, so heiser und ge=
brochen er auch klang, mußte eine süße Erin=
nerung in ihr geweckt haben, denn ein Zug
freudiger Erwartung spielte um ihre Lippen
und mit Blitzes Schnelle flogen ihre dunkeln
Augen von Fenster zu Fenster — jetzt fielen
ihre Blicke auf mich — mein Herz stand still,
mein Athem stockte. — Schon wollte ich die
Hand zum Gruß ausstrecken, da glitt ihr Blick
kalt an mir vorüber — sie hatte mich nicht
wiedererkannt. Langsam wandte sie sich dem
Wagen zu. Madame Lindsay nahm die kleine
Anna von Virginiens Arm und letztere setzte
sich zu den Kindern auf den Rücksitz; — noch
einmal schweiften ihre Blicke zu den Fenstern
des Zuges hin — wieder begegnete ihr Auge
auf eine Sekunde dem meinigen und krampf=
haft zog sich meine Brust zusammen, ich hätte

ihr gern zurufen mögen: „Erkennst Du mich denn nicht? — Ich bin es ja, Dein Freund, Dein Geliebter, dem Du Treue gelobtest — wie Evangeline! allein ihr Auge glitt vorüber und der Kutscher auf dem Bock knallte mit der Peitsche. Lady Lindsay sprach mit ihr — sie lächelte und ihre perlenweißen Zähne blitzten im Abendroth. — Der Wagen rollte einer Allee zu und wenige Minuten später war ihre stolze Figur im Grün der Bäume verschwunden. — Auch die Sonne ging unter und mit ihr schwand meine liebste Hoffnung dahin. War das Erscheinen Virginiens nicht ein letzter Abschiedsblick des Glücks? — Trost und Hoffnung waren an mir vorübergewandelt, allein sie hatten mit ihrer Gnadenhand meinen Scheitel nicht berührt. Ihr Auge hatte mein Gesicht gestreift, wie das glühende Licht der Abendröthe, — nun war die Sonne untergegangen und es wurde um mich her für immer Nacht. Meine Zukunft verfinsterte sich rascher, als die dunkel werdende Erde und die Hoffnung war aus meiner Brust gewichen gleich der entflohenen Sonne; nun wurde es Nacht in meinem Herzen. — finstere kalte

Nacht — die Nacht der Grüfte. Müde schloß ich die Augen und seufzte: „Laßt mich endlich sterben — ich werde sie nie wiedersehen!"

*   *   *

Allein ich sah sie doch wieder! Das Glück und mein Schicksal gewährten diesmal das Schauspiel eines Sonnenuntergangs in den Alpen. Wenn in den Thalschluchten hinter Locarno der letzte Sonnenstrahl erstirbt und finstere Nachtschatten, feuchte Nebel sich über die blühenden Berggelände lagern, erwacht fast dicht über ihrem Haupte die Sonne wieder und die Schneekuppen des St. Gotthard und der savoyischen Alpen sind in ein so glühendes Licht getaucht, daß man glaubt, der feurige Sonnenball sei an den zum Himmel emporragenden Gletschern hängen geblieben und müsse, für ewig an diese Spitzen gebannt, dort weilen, flimmern und die Welt erleuchten. — Eitle Täuschung. — Das Sonnenlicht zieht weiter mit der flüchtigen Minute und unser Auge kann ihm nicht folgen auf der leuchtenden Bahn und balb umhüllt auch die Alpen dieselbe Nacht, die auf der Thalschlucht ruht.

In keiner Weltgegend vergißt man rascher ein Leid, erholt man sich leichter von Unglücks= fällen — ja sogar von Krankheiten, sofern dieselben überhaupt nicht incurabel sind, als in den Nordstaaten. Amerikas. Während die stationären Verhältnisse Europas einen Wechsel der Dinge nur selten und langsam im bürger= lichen Leben zulassen, umrauscht uns hier der Strom rastloser Bewegung, sprossenden jungen Lebens, und Geist und Körper werden unwill= kührlich und vom Strudel der Bewegung in das breite Fahrwasser der Geschäftswelt ge= zogen.

Hoffnungslos und verzweifelnd langte ich in Newyork an und meine Freunde in Beckmeyer's Hôtel gingen an mir vorüber, als sei der neue Ankömmling ein Fremder; die Buffetdame aber, welche sich einst sehr für mich interessirt hatte, bemerkte in der Küche, gegen ihre untergeord= neten Colleginnen gewendet: „Drinnen im Bar room steht ein Mulatte, welcher deutsch mit dem Bas redet."

Lube, der Cigarrenmacher, war der erste, welcher mich zweifelnd betrachtete und dann, als ich ihn anredete, an der Stimme erkannte. Dieser gutherzige Mensch trug viel zu meiner Rettung bei. Sein Glück, mich wiederzusehen, war so aufrichtig und unverhohlen, daß ich mich recht freudig davon berührt fühlte. Er sorgte dafür, daß mir das stillste und comfortableste Zimmer im Hotel angewiesen wurde, wählte selbst die Speisen aus, welche ich essen sollte, ermahnte mich, ja jeden Tag ein Bad zu nehmen und versäumte tagelang seine Arbeit, um mich auf Ausflügen nach den reizenden Parkanlagen von Johnswood, Central Park, Harlem u. s. w. zu begleiten; gleichzeitig führte er mich zu einem Apotheker Namens Scheide, welcher mir ein einfaches Medicament und die gleichen Verhal= tungsmaßregeln gab, welche mir einst Lady Lindsay empfohlen. Da sich mein Körper in wenigen Tagen sichtlich erholt hatte, so nahm ich sofort Arbeit an und zwar in einer Lampen= und Gascandelaberfabrik. Vierzehn Tage hielt ich dort aus, allein die Beschäftigung war so anstrengend, daß mir die Glieder anschwollen,

9*

und so mußte ich trotz der gütigen, fast liebe=
vollen Behandlung des Fabrikbesitzers das
Etablissement verlassen. Der Apotheker Scheide
hatte mir hauptsächlich gerathen, eine Thätig=
keit aufzugeben, welcher mein geschwächter Körper
noch nicht gewachsen sei, und als ich nun aus=
trat, bot er mir Beschäftigung als Gehülfe in
seiner Apotheke an. Obgleich ich gar nichts
von diesem Metier verstand, so acceptirte ich
doch die gütige Offerte, denn die Beschäftigung
war eine leichte und trug mir soviel ein, daß
ich meinen Lebensunterhalt damit bestreiten
konnte. Kaum hatte ich eine Woche Rhabarber
gestoßen und Pommade fabricirt, so entwickelte
sich in meinem Magen ein Riesenappetit. Ich
aß sehr viele Austern, welche in Newyork so
billig und groß sind, wie vielleicht in keiner
andern Stadt der Welt und bald wich das
Fieber — dies hartnäckige, entsetzliche Uebel —
für immer von mir. Ende November war ich
so gesund, wie ein Fisch im Wasser; meine
Backen wurden wieder voll und roth, mein Haar
lockte sich wie früher, meine Kraft war zurück=

gekehrt. Jugend, Beschäftigung und das Klima hatten mich dem Verderben entriſſen. In jenen Tagen verbreitete ſich in den Oſt=ſtaaten die Nachricht von neuentdeckten Gold=feldern in den Diſtricten von Arizona und Neu=Mexiko. Scheide ſelbſt hatte Verwandte in jener Gegend, welche glänzende Berichte über die Ergebniſſe der Minen abſtatteten. Meinte Scheide die Sache wirklich gut, oder wollte er mich nur los ſein (ich zerbrach nämlich eine Menge Gläſer und Phiolen, ſeitdem ich geſund geworden) — kurz, er rieth mir derart zu, nach jenen Gegenden zu reiſen, um Gold zu puddeln, daß ich mich täglich mehr für die Sache erwärmte und kurz vor Ablauf des Jahres den Entſchluß faßte, in den Goldminen mein Glück zu verſuchen. Scheide inſtruirte mich überdies ſo genau über die verſchiedenen Metho=den der Goldausſcheidekunſt, daß ich ſicher viel Gold gewinnen mußte, — wenn ich nämlich welches fand.

Zwei Perſonen riethen mir dringend von dieſem Unternehmen ab, nämlich Lude, der Cigarrenmacher, und die Lady in Trauer (jene

Dame, welche mit mir die Reise von Bremen nach Newyork machte). Lude schlug mir vor, ich sollte mit meinem kleinen Capital, welches noch unversehrt auf der Sparkasse lag, einen kleinen Cigarrenhandel anfangen; allein ich erklärte ihm, daß ich als Nichtraucher keinen Taback riechen könne. Die Lady in Trauer aber, in deren liebenswürdiger Familie ich im Monat December recht heitere Abende verlebte, sagte mir: „Männer von guter Erziehung finden nur einen glücklichen Wirkungskreis im Herzen der civilisirten Welt, Desperados aber und dunkle Ehrenmänner suchen in der Regel ihr Glück in der Wildniß." — So sehr ich diese Wahrnehmung später bestätigt fand, so sagte ich in meiner leichtsinnigen Weise: „Miß Carly, meine Erziehung war eine so desperate, daß ich recht gut für die Wildniß tauge; überdies haben mich die Lehren des J. J. Rousseau zum Naturalismus bekehrt — die Geschichte ist ein Ueberfluß, die Civilisation aber ein Quell des Lasters."

So schlug ich scherzend alle wohlgemeinten Ermahnungen in den Wind, lud meinen Re-

volver, kaufte mir einen pelzgefütterten Rock,
dito Pelzmütze und hohe Wasserstiefel und zog
nach dem Westen. Im Grunde trieb mich außer
dem Hang nach Abenteuern hauptsächlich die
Liebe und Sorge für Virginie von Newyork
fort. Nicht einen einzigen Brief hatte ich ihr
zugesendet — sie glaubte mich sicher verschollen
oder todt. — Wie wohl hätte ich daran gethan,
sie nie durch meinen Anblick diesem Wahn zu
entreißen!

Am letzten Tage des December, als die
Wintersonne freundlich, aber wenig erwärmend
den glitzernden Schnee und das zackige Eis am
Rande des Erie-Sees beschien, traf ich in
Dunkirk ein. Obgleich ich den Gasthäusern
meiner Landsleute in Amerika gewöhnlich aus
dem Wege zu gehen pflegte, so stand doch, nicht
weit vom Bahnhof, unter einem deutschen
Wirthshausschild, dessen Emblem eine goldene
Traube bildete, ein so gutmüthig und jovial
aussehender Gastwirth, daß ich mich auf's Neue
verleiten ließ, die Humanität meiner Landsleute
auf die Probe zu stellen.

Diesmal fiel meine Wahl glücklich aus.

Pitter Schmitz, der Mann mit der freundlichen Gastwirthsphysiognomie, war ein Kölner Bürger, das hörte ich an dem Idiom, welches aus seinem breiten Munde kam. Kaum hatte ich ihn nämlich mit den Worten angeredet: „Guten Tag, Herr Wirth! Kann ich ein Zimmer haben?" so lüftete Herr Schmitz die Pelzmütze und rief in die Küche hinein: „Marizebillche! Fang doch her! Nimm dem Herrn die Sache af und trag sie op Nummer neun!" Nachdem ich meinen schweren Handkoffer, sammt einer kleinen Kiste, welche Geschenke für Virginie und Lindsay's Kinder enthielt, in die Hände einer flinken Dirne gelegt hatte, welche diese in ein Zimmer des ersten Stockes trug, schüttelte mir der dicke Landsmann beide Hände und zog mich in die Gaststube. Diese war von Besuchern überfüllt und so gingen wir weiter in ein sehr einladend aussehendes kleines Nebengemach, in welchem nur zwei alte Herren bei einer Flasche Rothwein saßen.

„Mache Sie sich's jemüthlich, Landsmann!" rief mein Wirth und als ich die Frage, ob ich noch zu biniren wünsche, mit Ja beantwortet

hatte, ließ er mir ein ganz delikates Mittags=
brod ferviren, sammt einer halben Flasche Roth=
wein, welchen ich sofort als Ahrbleichart er=
kannte. Das behaglich erwärmte Zimmer machte
einen recht guten Eindruck, wozu die Jagdbilder
aus der Düsselborfer Schule, welche die Wände
schmückten, das ihre beitrugen. Als ich gespeist
hatte, setzte sich Herr Schmitz zu mir und wir
plauderten zusammen, und als er erfuhr, daß
ich in Köln recht wohl bekannt sei, freute er sich
sehr und stellte eine Menge Fragen an mich;
über den Kölner Dom, die Eisenbahnbrücke, den
Gürzenich, die Schenkungen des edlen Richards,
die Curen des Dr. Fischer u. s. w. Als ich
dieselben recht ausführlich beantwortet hatte,
fragte ich meinen Landsmann, aus dessen Ge=
sicht die munterste Laune und unverfälschte
Bonhommie leuchteten, ob er einen Herrn
Namens Lindsay kenne, welcher in der Nähe
der Stadt wohnen müsse. Schmitz lachte und
rief: „Ich werde doch unsern Friedensrichter
kennen! Ein sehr lieber Mann, dieser Lind=
say — ich habe auch für ihn gestimmt, trotz=
dem er der ärgste schwarze Republikaner ist,

der mir je vorgekommen; hier Mr. van der Achten ist sein nächster Nachbar."

Der alte Herr an der Seite des Wirthes brach bei Nennung seines Namens das Gespräch mit seinem Vis-à-Vis ab, drehte sich nach uns um und fragte, was man von ihm wünsche.

„Dieser junge Mann will Deinen Nachbar, Squire Lindsay, sprechen," erklärte der Wirth.

„Wenn Sie bis 6 Uhr warten wollen,, so führe ich Sie in meinem Schlitten bis vor seine Thür," gab van der Achten zur Antwort und ich nahm dankbar dies freundliche Anerbieten an. Noch eine Stunde Zeit blieb mir bis zur Abfahrt und ich begab mich auf mein Zimmer, um Gesicht und Hände zu waschen, und meinem äußern Menschen durch weiße Wäsche und neue Halsbinde ein vortheilhaftes Aussehen zu verleihen.

Mein Zimmerchen war ein Musterbild niederländischer Reinlichkeit und als ich die weißen Bettvorhänge auseinanderschlug, sah ich, daß an der Wand ein großes Marienbild hing, welches

von Palmen umgeben war und ein Weihkesselchen
als Appendix hatte. Heilige Reliquien aus dem deutschen Palä=
stina des Krummstabs, was führt euch in diese
moderne Welt des Unglaubens!? Hunderte
haben euch vielleicht gleich mir betrachtet und
wußten nichts davon, daß ihr wahrscheinlich
aus Kewlaar stammt und gesegnet seid mit dem
Weihwasser der wunderthätigen Maria. — Ich
aber dachte zurück an die halbdunkeln Arkaden,
unter denen ein frommer Priester seine gläubige
Schaar versammelt hat, um ihnen zu beweisen,
daß das Licht der Wissenschaft ein falsches
Irrlicht sei, welches die Seelen der Christen in
die Sumpflachen des Lasters und in den Pfuhl
der Hölle locke; und ich sah wieder vor mir
die schimmernden Meßgewänder und diese neigen
sich vor der hehren Mutter aller Gnaden, der
Chorknabe schwenkt das Räucherfaß, es knistern
die duftigen Wachskerzen am Altar, die Edel=
steine der heiligen Monstranz funkeln wie kleine
blitzende Sterne, vom Chor herab brausen die
mächtigen Töne der Orgel und der Gesang von
vielen Knaben ruft, gleich den Stimmen der

himmlischen Heerschaaren: „Gelobt seist Du Maria!"

Als Heinrich Heine, das genialste Kind der Musen, noch ein Priester der Vernunft war, — als er noch nicht zu Paris, im Wonnemond 1852 die Vorrede zur zweiten Auflage des Buches: „Zur Geschichte der Religion und Philosophie in Deutschland" — geschrieben hatte, womit er selbst sein Todesurtheil unterzeich= nete, — dichtete er die Wallfahrt nach Kewlaar. — Wie wunderbar! Mit diesem Cabinetsstück keuschester Poesie nützte Heine dem Marien= kultus mehr, als der unfehlbare Pio nono durch die Immaculata Conceptione. Doch meine Gedanken schweifen vom Wege ab. — Schließen wir die Vorhänge des Bettes und gleichzeitig die Reminiscenzen der lieben Heimat.

Kaum hatte ich nach Beendigung meiner Toilette die schwarze Astrachanmütze auf die Stirne gedrückt und die kleine Holzkiste unter den Arm genommen, so knallte Mynheer van der Achten mit der Peitsche und ich beeilte mich, in den Schlitten zu kommen.

Es war schon dunkel geworden und leichte

Schneeflocken fielen aus der Luft, als wir durch die entlaubte Allee fuhren. Mein Führer stammte aus einer jener holländischen Familien, welche schon in der Mitte des vorigen Jahrhunderts ihre Ansiedelungen am Hudson und den großen Seen den Indianern abtrotzten. Er war ein sehr einsilbiger Herr, jedoch nicht ohne liebenswürdige Manieren, der ein besserer Zuhörer, als Sprecher genannt werden konnte. Als wir nach einer viertelstündigen Fahrt vor einem hübschen Landhaus hielten, dessen Fenster hell erleuchtet waren, sagte der alte Holländer: „Hier wohnt Squire Lindsay. Empfehlen Sie mich der Frau vom Hause."

Ich dankte dem Alten herzlich für seine Freundlichkeit, dieser schüttelte mir kräftig die Hand und fuhr weiter. Bald verhallte das Schellengeläute der Pferde in der Ferne und ich war allein. Mir wurde plötzlich ganz sonderbar zu Muthe, als ich mit meiner Holzkiste unter dem Arm, in dem leichten Schneegestöber vor dem fremden Hause stand. Fand ich Virginie noch in Lindsay's Haus? — Und was mochte sie wohl bei meinem Anblick sagen? Mir

pochte das Herz vor Aufregung. Mit leichtem
Beben erfaßte ich den Klingelzug neben der
Gartenthüre und läutete. Das dumpfe Bellen
eines Neufoundländers antwortete; dann ver=
nahm ich eine Stimme, welche den Hund zur
Ruhe wies und eine Minute später wurde die
Thüre geöffnet und ein flachshaariger Bursche
trat unter die Thüre, an dessen Seite der
mächtige Kopf des Neufoundländers sichtbar
wurde.

„Befindet sich noch ein farbiges Mädchen
Namens Virginie in Lindsay=House?" frug ich
den blonden Burschen, welcher mich verwundert
betrachtete.

Gewiß — Miß Virginie ist hier — stotterte
der Blondhaarige befangen — „allein in diesem
Augenblick besucht sie die Abendschule der bischöf=
lichen Kirche."

„Wird sie bald wiederkommen?"

„Als Sie läuteten, glaubte ich schon, Virginie
sei es, welche zurückkehre, denn nach 6 Uhr
wird die Schule geschlossen."

Auf diese Auskunft hin, wurde mir das
Herz leichter und freudiger. „Würden Sie die

Güte haben und mich bis zur Ankunft des
Mädchens nach deren Zimmer führen?" fragte
ich den Burschen, und dieser schritt mir voraus
durch den Garten, öffnete die Hinterthüre des
Wohnhauses und ließ mich in ein kleines, aber
freundliches Gemach des Parterres treten, welches,
wie ich später sah, mit dem Schlafgemach der
kleinen Töchter des Hauses durch eine Glas=
thüre in Verbindung stand.

„Soll ich Virginien oder der Frau vom
Hause Ihren Besuch melden?" frug der Bursche
mit den Flachshaaren und stellte eine Lampe
auf den kleinen Tisch, am Kopfende des Bettes.

„Wenn Sie es mit Ihrem Gewissen als
Wächter des Hauses verantworten können, so
lassen Sie mich bis zur Rückkehr Virginiens
allein und sagen Sie derselben dann nichts, als,
es sei ein Herr da, welcher sie zu sprechen
wünsche.

Der Bursche lächelte treuherzig und trat —
meinem Wunsche entsprechend — in die nahe
gelegene Küche. Neugierig blickte ich mich jetzt
um in dem Heiligthume, das meine Geliebte so
lange umschlossen hatte, und meine Blicke fielen

auf den Tisch, wo dicht neben der Lampe ein
blaues Buch lag mit silbernen Arabesken auf
dem Deckel; die Inschrift lautete: Evangeline.
Es war mein letztes Geschenk und ich las noch=
mals die Worte, welche ich damals auf das
erste Blatt geschrieben: „Wenn Menschen aus=
einandergehn, — dann sagen sie: auf Wieder=
sehn!" — Diese Worte sollten sich bald er=
füllen. Mein Gesicht glühte vor Aufregung;
unruhig warf ich mich in einen Armsessel und
blätterte in verschiedenen Lehrbüchern herum,
welche bekundeten, daß das liebe Mädchen seine
freie Zeit gewissenhaft dazu benutzte, um durch
Unterricht die Kluft auszufüllen, welche sie
geistig von den Bevorzugten ihres Geschlechtes
schied. Ich blätterte gerade in einem Zeichnen=
hefte, dessen Blätter beim geraden Strich an=
fangend, die Entfaltung ihrer technischen Fertig=
keit bis zu einer ganz wohlgelungenen Wald=
kapelle zeigten, da schallte das freudige Gebell
des Neufoundländers vom Garten her an mein
Ohr und eine sonore Stimme rief: „Guten
Abend David!"

Mein Herz erzitterte, das war Virginiens

Stimme. Einige Sekunden später hörte ich, wie der flachshaarige David, welchen sie an der Thüre begrüßt hatte, in die Küche tretend, sagte: „Drinnen wartet ein Gentleman auf Dich, Vir= ginie!" Es entstand eine kurze Pause, dann entgegnete sie: „Ein Gentleman wartet auf — mich? Wer kann das sein?"

Die Tritte des Mädchens kamen langsam näher — fast zögernd wurde die Thüre geöff= net — ich erhob mich rasch und trat in die Mitte des Zimmers — wir standen uns gegenüber.

Fast minutenlang blieb sie regungslos, wie durch einen Zauber gebannt, auf der Schwelle stehen: eine gefüllte Schulmappe entglitt ihrer Hand, dann mit einem Male stieß sie einen Schrei, so vollen, unnachahmlichen Jubels aus, daß die stummen Wände wiederhallten —. sie öffnete die Arme und flog stürmisch an meine Brust. Ich merkte kaum, daß eine fette Köchin und der flachshaarige David bei dieser Scene in die Mitte der Küche traten und wie wackelnde Pagoden, staunend den Kopf hin und her wieg= ten, — ich sah nur das Mädchen in meinem

Arm, fühlte nur ihre wogende Brust und ihren fliegenden Athem, der meine Wange streifte, wie der warme Abendwind einer traulichen Sommernacht.

Mein Herz jubelte auf, wie das jauchzende Lied einer schwirrenden Lerche und ich empfand eine Minute stummer Freude, maßloser Selig= keit, wie sie so selten dem Leben eines Sterb= lichen beschieden ist.

„Ach, wie lange waren wir getrennt!" hob Virginie zuerst an und sah mir in die Augen. „Ich glaubte Dich verloren zu haben, denn keiner meiner Briefe wurde beantwortet."

„Ich glaubte mich selbst verloren!" erwie= derte ich lächelnd, — „und darum rief ich Dich nicht zu mir; doch schweigen wir einstweilen über die Vergangenheit und laß mich erst sehen, wie schön Du geworden bist." Ich schloß die Thüre, Virginie warf einen pelzverbrämten Pa= letot ab, — ein Geschenk der Lady Lindsay — und nun stand sie vor mir, im knappanliegen= den schwarzen Wollkleid und ließ sich von mei= nen bewundernden Blicken mustern. Sie war in der That schöner geworden; ihr Gesicht hatte sich veredelt, das Auge erschien noch größer und ihre Hände waren heller geworden und weich — wie Sammt. Wir küßten uns wiederholt auf den Mund, dann ließ ich mich auf einen Stuhl nieder, zog sie auf meinen Schooß und fragte: „Hast Du mich auch nie vergessen?"

„Ich habe Tag und Nacht an Dich gedacht."

„Und liebst Du mich noch eben so sehr, wie in Memphis?"

„Meine Liebe ist gewachsen, mit der Sehn= sucht nach Dir. Ich wollte im Herbst nach dem Süden, um Dich aufzusuchen, allein Lady Lind= say verhinderte es."

„Wie kamst Du in dies Haus?" fragte ich.

„Auf eine sehr einfache Art. Dein Freund in Cleveland, bei welchem ich eine sehr gute Aufnahme fand, empfahl mich bringend der alten Mrs. Eton, welche für ihre Enkelkinder — die kleinen Lindsays — eine Bonne suchte. Ich gefiel der alten Dame, welche eine längere Un= terredung mit mir führte und diese sandte mich in das Haus ihrer Tochter. Die Lindsays sind prächtige Leute, welche mich fast wie eine Tochter behandeln. Mir fehlte Niemand — als

Du. Jetzt bin ich ganz glücklich. Virginie schmiegte ihre frische Wange an die meinige und schwieg in stummer, seliger Empfindung."

„Wie aber hast Du meinen Aufenthalt er=fahren?" frug sie nach einer Weile.

„Durch Lady Lindsay!" antwortete ich.

„Kennst Du meine Herrin?!"

„Ich kenne Deine Herrin ebensowohl, als die kleine Anna und Helene und bin ihnen sogar Dank schuldig, denn —" Der Ton einer Klingel unterbrach meine Erklärung. Virginie erhob sich und sagte: „Mein Gott, ich vergaß ganz, daß die Theestunde heranrückt. Nur eine Viertelstunde muß ich Dich allein lassen, dann gehöre ich Dir wieder an." Das liebe Mädchen sank nochmals an meine Brust, dann eilte sie durch die Küche, um am Theetisch ihre Func=tionen zu erfüllen. — Kaum fünf Minuten waren verflossen, so kehrte sie zurück und sagte: „Herr Lindsay läßt Dich zum Thee bitten."

Als ich von Virginie geführt in das hell=erleuchtete Wohnzimmer trat, sah ich Herrn und Madame Lindsay beim Kaminfeuer sitzen, indeß

die Kleinen in weiße Nachtkittel gehüllt, sehn=
süchtig nach dem dampfenden Theetisch blickten.

Mein Eintritt veränderte die Gruppe. Der
Hausherr begrüßte mich mit freundlichen Wor=
ten und auch die Lady erhob sich und hieß mich
durch eine höfliche Neigung des Kopfes will=
kommen. Die Dame kannte den kranken Sol=
daten von ehedem nicht mehr.

„Ich folge Ihrer gütigen Einladung, Mr.
Lindsay," sagte ich zu dem Squire, „weil ich
das Glück habe, von Milady gekannt zu sein,
und weil ich derselben seit Monaten schon hätte
sagen mögen, wie sehr ich sie verehre — wie
sehr ich mich ihr zum Danke verpflichtet fühle."

„Zum Danke verpflichtet?" wiederholte die
Dame und musterte, gleich ihrem Gatten, er=
staunt meine Züge.

„Ja, zum Danke verpflichtet," fuhr ich fort,
„denn Ihrem Troste, Ihrer gütigen Ermun=
terung verdanke ich es zum Theil, daß mit mei=
nem Körper eine so wunderbare Veränderung
vorgegangen ist, daß weder Sie, Madame, noch
meine kleinen Freundinnen, Anna und Helene,
mich wiedererkennen."

„Sie sprechen in Räthseln, Sir!" bemerkte
die Lady.

„Erinnern Sie sich denn nicht mehr jenes
kranken Soldaten, mit welchem Sie in den
letzten Tagen des September von Erie nach
Dunkirk fuhren, und welchem die kleine Anna
eine große Traube schenkte, — den Sie selbst
aber durch Trost und gute Anweisungen aufzu=
richten suchten, da Sie sahen, daß er sich auf
dem nächsten Weg zum Kirchhofe befand!"

Frau Lindsay stieß bei dieser Eröffnung ein
„Ah" der Ueberraschung aus, dann glitt plötz=
lich ein fröhliches Lächeln über ihre feinen Züge
und staunend rief sie aus: „Sie sind jener
kranke Soldat?! Mein Gott, welche Verwand=
lung ist mit Ihnen vorgegangen: aus einem
Schatten ist ein frischer, blühender Mensch ge=
worden. Nun, das freut mich herzlich!" Die
Dame reichte mir ihre Hand und ich drückte
einen Kuß darauf.

„Sie sind ein Freund meiner Familie und
besitzen das Herz unserer Virginie, das trifft
sich ja doppelt gut," bemerkte der Squire. „Be=

trachten Sie mein Haus, als das eines Freundes."

Ich erfaßte dankbar die Hand des guten Mannes und beugte mich zu den Kindern nieder, um sie zu küssen.

Virginie hatte stumm und staunend der Scene zugeschaut, jetzt trat sie zu mir hin und sagte: „Du also warst der kranke Soldat, von welchem uns Milady mittheilte, daß er von Vicksburg gekommen sei und so Manches von den Leiden der Armee erzählt habe? Damals stand ich am Bahnhof und es war mir, als habe Jemand meinen Namen gerufen und ich suchte nach einem bekannten Gesicht und fand es nicht."

„Und doch hatte Dein Auge zweimal auf diesem Gesichte geruht und Du erkanntest mich nicht," unterbrach ich sie heiter lachend.

„Warum aber kamst Du nicht zu mir?" fragte sie im Ton des Vorwurfs.

„Weil ich zu eitel war, Dir meine fahle Todtenmaske zu zeigen."

„Ehrlich gesagt! Auch ich vermuthete damals, daß Sie sterben müßten," bemerkte Mi=

lady dazwischen. „Sie haben sich sehr rasch
wieder erholt. Doch zum Thee! Versorge die
Kinder, Virginie, und nimm dann an der Seite
unseres Gastes Platz. Heute, am Neujahrs=
abend, laß mich die Wirthin machen.“

Das Abendbrod verlief unter Plaudereien
über die Vergangenheit. Squire Lindsay er=
zählte mir, wie sehr sich Virginie mit Sorgen
gequält habe, und daß sie drei Briefe an unser
Regiment abgesandt habe, ohne eine Antwort
zu erhalten. Wahrscheinlich waren diese Briefe
nicht nach Vicksburg, sondern an's Regiment
geschickt worden, welches sich auf einem Zuge
durch den Staat Mississippi befand und gingen
so verloren. Später habe er selbst durch einen
Freund in Vicksburg Nachforschungen anstellen
lassen und dieser habe ihm gemeldet, General W.
sei mit seiner Body guard nach Texas gezogen.
Im Herbst sei Virginie fest entschlossen gewesen,
nach dem Süden zu reisen und es habe der
größten Ueberredung bedurft, um sie von diesem
thörichten Schritte abzuhalten.“

„Und zu derselben Zeit befand ich mich dicht
in Deiner Nähe!“ sagte ich reuevoll. „Wie

leicht hätte ich Dir durch meinen Unverstand ein schlimmeres Schicksal bereiten können, als das der Evangeline war. Verzeih' mir, Virginie."

„Ich habe Dir nichts zu verzeihen, mein Freund," antwortete das erröthende Mädchen und drückte verstohlen meine Hand. „Gott hat Alles wunderbar gefügt, ihm wollen wir danken."

Die kleinen Mädchen an Virginiens Seite hatten ihren Thee getrunken und die gerösteten Butterschnitte sammt einigen Löffeln Apfelcompot gegessen; die Mutter gab Virginien ein Zeichen, die Kinder zu Bett zu bringen. Diese hatten mit stummer Verwunderung unserer Unterhaltung gelauscht und nahmen nicht ohne Kummer von der Tischgesellschaft Abschied.

„Ich habe den Kleinen zum Dank für die Traube ein artiges Spielzeug von Newyork mitgebracht," bemerkte ich leise gegen die Dame des Hauses gewendet, als Anna mit einem: „Gute Nacht, Papa!" ihre Arme um den Hals des Vaters schlang; „würden Sie mir gestatten, es den Kindern noch vor dem Schlafengehen zu schenken?"

Die Mama nickte lächelnd; ich eilte nach Virginiens Zimmer und holte aus dem mitgebrachten Kasten das besagte Spielzeug hervor und trug es verhüllt in das Wohnzimmer, wo Anna und Helena auf Virginiens Knieen schaukelnd, mit erwartungsvollen Gesichtern der versprochenen Gabe harrten.

Dies Spielzeug war in jener Zeit eine Novität und wohl die spaßhafteste, welche je das erfinderische Genie eines Yankees ausgetiftelt hat. Es war ein sogenannter „tanzender Neger". Vor einem kleinen, buntbemalten Hause steht ein drollig aussehender Negerknabe und tanzt auf einem elastischen Schwungbrett minutenlang Jig, ohne daß ein anderer Mechanismus die Puppe in Bewegung setzt, als ein sehr biegsames Stahlband, welches im Rücken. des kleinen Kautschukmannes befestigt, fortwährend vibrirt und die beweglichen Hände und Füße des kleinen Bajazzos zu den närrischsten Capriolen veranlaßt. — Schon als ich die kleine bunte Cottage auf den abgeräumten Tisch stellte,

erstaunten die Kleinen und brachen in ein be=
wunderndes „Ah" aus; als ich aber den när=
rischen grinsenden Negerbuben mit dem kohl=
schwarzen Gesicht, den rollenden Augen und,
einem Schifferhütchen im Nacken an der Feder
befestigte, lachten sie lustig und streckten verlan=
gend die Hände darnach aus; nun ließ ich die
Feder in die Höhe schnellen, der grinsende Ba=
jazzo rollte die Augen, warf Arme und Beine
in die Luft und tanzte einen so tollen, pudel=
närrischen Jig, daß die ganze Gesellschaft in
einen nicht enden wollenden Jubel ausbrach.
Selbst der ernste Squire war so überrascht von
dem nie gekannten Schauspiel, daß er in die
Hände klatschte und mir lachend versicherte, er
habe nie etwas gesehen, das einen so komischen
Effect hervorgebracht habe, als dieses kleine
Spielzeug.

Die Gesichter der Kinder strahlten vor Freude
und Anna rief nach einer Weile: „Wenn doch
Großmama und Onkel Eton hier wären, damit
sie das auch mitansehen könnten." — Fast eine
Stunde lang mußte der unermüdliche Tänzer
seine Beinchen durch die Luft schleudern und

noch waren die Kinder nicht müde, seine Ca=
priolen zu belachen und neue Vorzüge an ihm
zu entdecken, da endlich machte die Mama der
Unterhaltung ein Ende, indem sie sagte, der
kleine Onkel Tom sei so müde geworden von
dem langen Tanz, daß er sich bis zum Morgen
ausruhen müsse. Daraufhin legte Anna selbst
den kleinen Kerl in's Innere der Hütte, schloß
das Thürchen und der tanzende Negerbub schlief.
Mir aber dankten die Kinder mit einem Kuß
und begaben sich dann, von Virginie geleitet,
zur Ruhe.

Dieser tanzende Neger hatte mir das Herz
der Kinder sowohl, als das der Eltern gewon=
nen und als Virginie mit den Kleinen das
Zimmer verlassen hatte, bot mir der Squire für
die Nacht ein Zimmer seines Hauses an, was
ich jedoch dankbar mit der Bemerkung ablehnte,
ich hätte im Hôtel meines Landsmannes Schmitz
eine so freundliche Aufnahme gefunden, daß ich
voraussetzen dürfte, man werde bis zum Morgen
auf meine Rückkehr warten.

„Nun so werden Sie uns wenigstens bei
einem Glase Punsch noch einige Stunden Ge=

sellschaft leisten, bat die Frau vom Hause. Es ist heute Neujahrsnacht, da werden Sie selbst nach Mitternacht in Ihrem Hôtel noch so lärmende Gesellschaft finden, daß Sie schwerlich schlafen können."

Ohne meine Antwort abzuwarten, zog die liebenswürdige Dame den Klingelzug und als der Flachskopf Davids unter der Thüre erschien, beauftragte sie denselben, das Feuer im Parlor zu schüren und trat dann in die Küche, um selbst einen trefflichen Punsch zu brauen.

Lindsay und ich standen am Kamin und nach einigen gleichgültigen Fragen über die Ereignisse vom Kriegsschauplatz, kamen wir auf meine Pläne für die Zukunft zu sprechen. Ich erzählte ihm, daß ich gesonnen sei, in wenigen Tagen Dunkirk wieder zu verlassen, um nach Arizona zu gehen.

Amerika ist das Land, in welchem man sich über wenig Dinge wundert und jedes Unternehmen für ausführbar hält, wenn es mit Energie und Geschick angefaßt wird. Kommt heute in Neworleans oder Newyork ein Mann, welcher eine gute Stelle bekleidet, zu einem Freunde und

sagt: „Ich reise morgen nach Alaska, um mit
Talg und Fischthran zu handeln!" — so wird
der Freund höchstens erwidern: „'s ist ein kal=
tes Land, dies Alaska!" — Ja, ich habe einen
Mann gekannt, welcher ein höchst einträgliches
Amt bei der Supreme Court in Chicago be=
kleidete und plötzlich deutscher Schauspieler wurde,
und der Bruder desselben, ein tüchtiger Advokat,
sagte weiter nichts, als: „Bill, ich glaube kaum,
daß Du dabei Deine Rechnung findest." — Auch
der Squire fand meinen Entschluß durchaus
nicht auffallend, und er bemerkte nur: „Wollen
Sie Virginie hier lassen?"

„Bis zu meiner Rückkehr, oder bis ich dort
die Verhältnisse soweit kenne, daß ich es für
vortheilhaft halte, sie nachkommen zu lassen."

Lindsay billigte meinen Vorsatz und meinte,
wenn Virginie ginge, würde in seinem Hause
eine empfindliche Lücke entstehen, denn seine Frau
und die Kinder liebten dieselbe, als sei sie ein
Mitglied der Familie.

„Virginie ist ein Weib voll Energie und
Muth" — fuhr er fort — „und besitzt außer
einem vortrefflichen Herzen eine so bedeutende

Faſſungsgabe, daß es mir Vergnügen machte, ihre raſche geiſtige Entwickelung zu beobachten. Sie erinnert mich oft an eine wilde Roſe, die auf der dürren Haide, zwiſchen Dornengeſtrüpp aufgerankt, ihre knospende Blüthe dem Sturm und Hagel feſt verſchloſſen hielt, jetzt aber, da ſie in den milden Garten verſetzt iſt, öffnet ſie ihren Kelch und ſtrömt einen reineren, friſcheren Duft aus, als ihre pausbäckigen Schweſtern, welche dem fetten Erdboden entſproſſen ſind. — Ich bin gewiß: ſie wird den Mann, welcher ſie liebevoll hegt und pflegt, — unendlich glücklich machen. Doch ſtill — ſie kommt!"

Mrs. Lindſay und Virginie traten gleich= zeitig in's Zimmer; Erſtere öffnete die Thüre zum Parlor und wir verließen das Speiſezim= mer, um in dem geräumigern Salon, beim dampfenden Punſchglas weiter zu plaudern.

Das Geſellſchaftszimmer bewies deutlich, daß die Lindſays nicht nur Vermögen, ſondern auch guten Geſchmack beſaßen und es überkam mich in den wohnlichen Räumen ein Gefühl inneren Behagens — leider aber auch eine Sehnſucht nach einem ebenſo traulichen Daheim. Außer

einem prächtigen Flügel enthielt dasselbe Ge=
mälde von großem Werthe, darunter zwei Land=
schaften von Leuße und einen Seesturm von
Achenbach. Blumenkörbe mit seltenen Blatt=
pflanzen schmückten die Fensternischen und über
dem glänzend polirten Marmorsims des Kamins
schwebten die Büsten von Washington und Hum=
boldt. Die grünsammtenen Fauteuils, welche
in der Nähe des Feuerplatzes standen, wie der
dunkelgrüne Teppich mit den einfachen Gold=
kanten am Rande, thaten dem Auge wohl. Ich
nahm der Dame vom Hause gegenüber Platz,
während Virginie auf einem Schemel dicht am
Feuer sitzend mit glücklichem Lächeln in die
spielenden Flammen schaute.

Für einen Abenteurer, welcher heimatlos
durch die Welt wandert, gleicht der Aufenthalt
in einer glücklichen Familie dem Verweilen des
Wüstenpilgers in einer schattigen Oase: man
möchte ewig da ausruhen und denkt mit einem
leichten Schauder an die Stunde des Auf=
bruchs. — Ganz im fernen Winkel meines
Herzens regte sich eine Stimme, welche flüsterte:
„Bleibe hier und suche für Dich und das liebe

Mädchen an Deiner Seite eine bescheidene Stellung und Du wirst besser daran thun, als in den öden Regionen am Fuße des Oregon Gold zu pubbeln. Gewinne Squire Lindsay für Dich, er ist der Mann, welcher Dir leicht den Weg zu einer Stellung bahnen könnte und wäre es auch nur als Schulmeister in den deutschen Gemeinden bei Dunkirk;" allein der Stolz der Jugend, welcher jede Hülfe verschmäht, und wenn sie auch noch so bereitwillig geboten wird, lehnte sich dagegen auf. — Ich wollte mir allein das Glück meines Lebens danken.

„Wo ließest Du Robertson?" Mit dieser Frage unterbrach Virginie meinen inneren Gedankenstreit — und ich erzählte das tragische Ende des treuen Pferdes und da ich einmal zu erzählen angefangen und Herr und Frau Lindsay ein lebhaftes Interesse an diesen Erlebnissen nahmen, so wurde ich durch des Mädchens Fragen genöthigt, auch meine Reise von Vicksburg nach dem Norden, sammt meinem Aufenthalt in Newyork, getreulich zu schildern.

„Du böser, böser Mensch!" sagte das Mädchen mit einem Blicke zärtlichen Vorwurfs, als

Elcho, Wilde Fahrten. IV.   11

ich geendet, „warum riefst Du mich nicht
an Dein Krankenlager? — Gewiß, ich zürne
Dir darum! Doch jetzt soll uns nichts mehr
trennen."

„Dein Freund hat den Plan gefaßt, nach
Arizona zu gehen," nahm Lindsay statt meiner
das Wort, „und Du sollst bei uns bleiben, bis
er ein kleines Capital gewonnen, um sich hier
anzukaufen oder Dich nachkommen zu lassen,
falls er es vorzieht, in jenen Territorien
zu bleiben. Ich finde diese Idee ganz ver=
nünftig."

Virginie schwieg einen Augenblick, dann
legte sie die gefalteten Hände auf meine Knie,
blickte mich groß an und sagte mit halblauter
Stimme, während ihre Wangen ein lebhaftes
Roth übergoß: „Liebst Du mich nicht mehr?"

„O, ich liebe Dich über Alles, mein theures
Herz!"

„Soll ich Dir einst angehören, als Dein
Weib?" fragte sie weiter.

„Es ist mein glühendster Wunsch," ent=
gegnete ich.

„Nun, dann gehe ich auch mit Dir, wohin

Du immer wanderſt!" rief Virginie mit leuchten=
den Augen und umfaßte meine Hand. „An
Deiner Seite will ich glücklich werden oder
untergehen."

„Wäre es nicht klüger, mein Kind, erſt den
Erfolg Deines Freundes in jenen fernliegenden
Ländern abzuwarten? In unſerm Hauſe haſt
Du eine ſichere Freiſtatt," wendete Lady Lindſay
ſanft ein.

„Es wird mir ſchwer, Ihre Familie zu ver=
laſſen, theure Miſtreß," entgegnete das Mädchen
warm und küßte die Hand derſelben. „Ich
habe hier mehr als ein Aſyl, ich hatte zum
erſten Male im Leben eine Heimat gefunden.
Dank — nie erlöſchender Dank wird dafür
mein Herz beleben, ſo lange es ſchlägt. Allein
Mr. Lindſay ſagte eines Tages bei Tiſche: nur
in Amerika ſeien die Frauen im Genuſſe aller
bürgerlichen Rechte; nun, ſo denke ich, ſollen
die Amerikanerinnen auch mehr als alle andern
Frauen ihre Pflichten erkennen. Dieſem Manne
danke ich Freiheit, Selbſtbewußtſein, die Ent=
wicklung meiner geiſtigen Fähigkeiten und mein
Herz iſt durchglüht von einer unvertilgbaren

11 *

Liebe, soll ich nun hier im Schooß des Glücks
ruhig, mit gefalteten Händen zusehen, wie er
das Eis bricht, um den Strom unserer Zukunft
frei zu machen? — Nein und tausendmal nein!
Ich habe von Kindheit auf Gefahren getrotzt
und Entbehrungen getragen; was jetzt nachkommt,
ist Spielwerk. Nimm mich mit Dir, Geliebter!
Bürde mir nicht die Demüthigung auf, stets nur
Wohlthaten empfangen zu haben; laß mich mit=
bauen an dem Hause, das einst unsere Kinder —
wenn der liebe Gott uns solche bescheert —
Vaterhaus nennen!"

Die Sprache Virginiens war so überraschend
feurig, es drangen die vollen Laute so warm
aus dem Herzen, daß ich mich überwältigt fühlte.
Bewundernd und entzückt, küßte ich ihre Stirne
und sagte: „Du bist ein so braves Herz, daß
ich Dir Deine Bitte — so gefahrbringend sie
auch für Dich selber ist — nicht abschlagen
kann." Auch Lady Lindsay zog das edle
Mädchen an ihr Herz und sagte: „Ich möchte
Dich Schwester nennen, so lieb hab ich Dich;
bleibe wenigstens noch einige Wochen bei mir,

damit ich mich erst an den Gedanken gewöhne, Dich verlieren zu müssen."

„Wann gedenken Sie zu reisen?" fragte mich Lindsay.

„Ich gedachte Ende Januar in Leavenworth zu sein, um mich im Monat Februar nach einem passenden Train umzusehen, dem ich mich anschließen könnte, damit ich beim Beginn des Frühjahrs schon an Ort und Stelle wäre," antwortete ich.

Lindsay bemerkte darauf, daß Ende Februar mehr Züge über die Prairies gesandt würden, als im strengsten Winter und es sei deshalb besser, bis dahin in Dunkirk zu verweilen. Da= mit jedoch der Aufenthalt daselbst meine Kasse nicht zu sehr angreife, bot er mir nochmals Gastfreundschaft an, was ich diesmal annahm, jedoch mit dem Vorbehalt, er möge mir irgend eine Beschäftigung zuweisen, wodurch ich mich ihm oder den Seinen nützlich machen könne.

„Je nun, wenn Sie das wollen!" sagte lächelnd der junge Squire, so könnte ich Ihnen außer der Anfertigung von Copien, noch die Uebersetzung von Prozeßacten in Ihre Mutter=

sprache zuweisen, da wir viele Parteien haben, welche der englischen Sprache durchaus unkundig sind."

Auf diese Verabredung hin, beschlossen Virginie und ich, bis Mitte Februar in Lindsay's Hause zu verbleiben und dann den Wanderstab nach dem fernen Westen zu setzen.

Es war fast 11 Uhr geworden, als ich mich von Lindsay's durch ein „happy New-Year" verabschiedete. Virginie wollte mich bis zur Allee geleiten, welche direct zur goldenen Traube führte und so traten wir in ihr Gemach, um uns mit Ueberröcken zu versehen. Da stand das Kistchen, in welchem ich den Kindern den tanzen= den Neger mitgebracht hatte und dasselbe ent= hielt noch einige Christgeschenke für Virginie. Vor ihren lachenden Augen enthüllte ich eine moderne Caputze und ein abgepaßtes Kleid von weißer Farbe mit goldenen Aehren durchwirkt.

„Dies Kleid solltest Du zu Meetings tragen oder wenn hier im Hause Gesellschaft wäre," erklärte ich. Nun Du aber entschlossen bist, mir in die Wildniß zu folgen, nun kann es Dein Brautkleid werden. — Hier aber ist ein kleiner Goldreif, welcher Dich mir verbinden soll — für ewig." Aus einem kleinen Etui nahm ich einen Ring und steckte ihn an Virginiens Goldfinger. — Sie erröthete tief und lehnte sich an meine Brust.

„Wie glücklich machst Du mich," sagte sie; doch ich schloß ihr den Mund mit Küssen, dann hüllte ich sie in den warmen Paletot, legte ihr die neue Capuße auf das wellige Haar und nun schritten wir aus dem Hause, der Landstraße zu. Es hatte draußen noch nicht aufgehört zu schneien und es war gut, daß mich Virginie begleitete, ich hätte sonst die Allee nicht gefunden. Der große Neufoundländer kroch aus seiner Hütte und gesellte sich zu Virginie, welche seinen mächtigen Kopf mit der Hand streichelte. Auf meinen Arm gelehnt, schritt das liebe Mädchen durch den frischgefallenen Schnee und plauderte, wie schön wir die Zukunft gestalten wollten.

„Gefällt es uns nicht in Arizona, so wandern wir nach Californien," sagte sie. „Das ist ein junger blühender Staat, dort werden wir ganz sicher eine Heimstätte finden. Du

ſollſt ſehen, wie tapfer ich mich an Deiner
Seite durch die Welt ſchlage."

Als die hohen blattloſen Ulmen, die vom
Schnee bedeckt, wie weiße Rieſenkerzen in die
dunkle Schneeluft ragten, dicht vor uns auf-
tauchten, ſchieben wir mit einer herzlichen Um-
armung, und jedes von uns wünſchte ſchon
wieder den Tag herbei, weil wir noch ſo ſchreck-
lich viel auf der Seele hatten, das wir noth-
wendiger Weiſe erzählen und austauſchen mußten. — Virginie eilte, von dem mächtigen Hunde
beſchützt, durch das Schneegeſtöber zurück und
auch ich langte zwanzig Minuten ſpäter in der
Traube an, wo eine luſtige Geſellſchaft in dichte
Tabackswolken gehüllt, bei der Punſchterrine
den Schlag der Mitternachtsſtunde erwartete.
Ich blieb bis zu dieſer Zeit in der Gaſtſtube,
wünſchte meinem Landsmann und ſeiner Familie
ein glückliches neues Jahr und ſuchte dann,
von Marizebillche, einem niedlichen Stumpfnäschen geführt, mein Zimmer auf, wo ich unter
dem Schutz der heiligen Jungfrau und ermüdet
von der Reiſe, trotz eines Schwalls aufregender
Gedanken bald in einen feſten Schlaf verſank,

aus welchem ich erst am Morgen gegen 9 Uhr erwachte.

Am 2. Januar siedelte ich aus der goldenen Traube · nach Lindsay-House über und nun kamen goldene Tage, wie man sie nur in der Umgebung von Menschen erleben kann, in deren Herzen Güte und Menschenliebe wohnen; die das Unglück nicht verzagt und das Glück nicht übermüthig findet, und welche sich in allen Lagen des Lebens Zufriedenheit und gesunden Humor bewahren. — Da die versprochene Beschäftigung des Squires wenig mehr als Nichts bedeutete, so nahm ich ein Jagdgewehr, lief in die Wälder und schoß Eichhörnchen, welche sich in diesen Gegenden sehr zahlreich und sehr groß und feist vorfinden. Zuweilen brachte ich auch einen Waschbären mit nach Hause; dann fuhr ich mit van der Achten, dem schweigsamen Holländer, dessen Familie ich bald kennen lernte, nach dem See hinunter und schoß an den sumpfigen Uferstellen Enten und anderes Geflügel. Ich brachte so viel Wildpret in die Küche, daß Lindsay eines Tages beim Zerlegen einer Ente bemerkte: er gehe jetzt nur mit Herzklopfen an hungrigen Jagdhunden vorbei, denn er fürchte, diese Thüre müßten von dem maffen= haft genoffenen Wildbraten Witterung be= kommen.

Später froren die Geftade des Sees zu und nun fuhr die ganze Familie Lindfay an heitern Nachmittagen im Schlitten auf das fefte Eis. Die Kinder nahmen einen Stuhlfchlitten und wir Erwachfene Schlittfchuhe mit. Im weiten Bogen flogen wir über die fpiegelglatte Eis= fläche bis an den offenen See. Lady Lindfay war eine fehr gewandte Schlittfchuhläuferin und befchrieb im graziöfeften Lauf die fchönften Kreife und Spiralen, allein fie ermüdete leicht und ließ dann ihre Eifenfchuhe Virginien, welche, von mir unterrichtet, bald diefe einfache und doch fo ftärfende Uebung erlernte. Außerdem fuhr ich meine kleinen Lieblinge Anna und Helena im Stuhlfchlitten und befaß darin aus meinen Knabenjahren her eine folche Gewandt= heit, daß ich mit den Kleinen vor mir, oft einen Wettlauf mit dem Papa einging und in den meiften Fällen Sieger blieb.

Die Lindfays waren fo feelengute, fröhlich

gelaunte Leute, daß unsere Schlittschuhparthieen mit Frohsinn begannen und mit schallendem Lachen und ausgelassenster Heiterkeit endeten. ·Kehrten wir heim, so versicherte jedes Mitglied der Gesellschaft, noch nie im Leben so vergnügt, aber auch noch nie so hungrig gewesen zu sein, als gerade an dem betreffenden Abend und wir speisten mit einem Appetit, um welchen uns Tausende von vornehmen Gourmands scheel an= gesehen haben würden.

In den letzten Tagen des Januar, an einem Sonnabend; da die Wintersonne aus wolken= losem Himmel auf die schneebedeckte Erde nieder= glänzte und ihre Strahlen nach Mittag so warm wurden, daß die schimmernden Schneekrystalle und funkelnden Eiskrusten sich in dicke Tropfen verwandelten, welche gleich strahlenden Perlen von den Dächern auf die Erde niedersanken, fand unsere Trauung statt. Ein junger Prediger vollzog sie in dem festlich geschmückten Parlor von Lindsay=House. ·Der Friedehsrichter und Nachbar van der Achten fungirten als Zeugen, Lady Lindsay und Nelly van der Achten, des Holländers einzige Tochter, standen auf der

Seite der Braut, welche in dem weißen, mit goldenen Aehren bedeckten Kleibe und der frischen Myrthe im aufgelösten Lockenhaar, einer Priesterin der Ceres glich.

Die schöne Braut zitterte heftig, als sie ihre Hand in die meine legte. „Haft Du Furcht Dein Schicksal in meine Hand zu geben?" fragte ich leise. „Ich fürchte, daß mich die Aufregung der nächsten Minute tödten wird," sagte sie, mit einem Blicke, welcher die zärtliche Liebe ihres Herzens wiederstrahlte. „Ich fürchte, meine Brust hat nicht Raum für so viel Glück."

Lächelnd führte ich sie an das Tischchen, hinter welchem der junge Prediger im Ornate stand, und sagte halblaut: „Sei ruhig, Virginie! Man stirbt nicht an der Freude."

Die Ceremonie endete kurz, nachdem Virginie ein halberstickes Ja gesprochen. — Sie war mein Weib.

Der Rest des Tages verfloß so heiter, als dies bei einer kleinen Gesellschaft glücklicher Menschen nur denkbar ist. — Am folgenden Morgen fuhren wir mit Lindsays zur Kirche,

wo Virginie in stillem Gebet zu Gott und ihrer
Mutter flehte, daß sie ihre Zukunft segnen
möchten. Die Zeit bis zu unserer Abreise schwand
dahin, wie flüchtige Minuten. Es waren
Stunden berauschender Wonne, unnennbarer
Seligkeit, darum glitten sie an uns vorüber
wie die leuchtenden Wogen des Meeres, welche
in dunkler Nacht der rauschende Kiel aufwühlt.
Wer löst das Räthsel, daß die Tage der Freude
so kurz sind, während Minuten des Unglücks
bleischwer auf unsere Sinne drücken? Warum
sind wir meist glücklich, ohne das Bewußtsein
des Glücks zu haben, da wir uns mit Sorgen
für die Zukunft plagen, und erst, wenn wirk=
liches Unglück über uns hereinbricht — uns
jahrelang verfolgt, denken wir zurück an die
schöne Zeit des Friedens, in welcher unsere
Seele ein Paradies gefunden hätte, wenn es in
der Natur einen Stillstand gäbe. Kommen
dann die trüben Tage, so müssen wir uns mit
der Erinnerung begnügen und an ihr uns
stärken für den weiteren struggle of life.

So bildet ihr, goldige Wintertage am Erie=

See, einen Strauß duftiger Blumen, welchen meine Seele gepflückt, als der Strom des Lebens mich an euren Ufern vorbeiführte. — Heute, da der Blüthenstaub der Jugend von meinem Dasein abgestreift, hole ich Euch hervor, mit der weißen Marmorhand der Erinnerung, aus meines Herzens verborgenstem Winkel, und freue mich bei Eurem Anblick, und lasse mich berauschen von dem Dufte Eurer unvergäng= lichen Poesie. — Und ganz gewiß! Wenn einst der Schnee des Winters auf meinen Scheitel fällt und mein gebücktes Haupt sich zur Erde niedersenkt, in deren kühlem Mutterschoß es Ruhe findet, dann noch erzittert mein Herz beim Anblick der weißen Wasserlilien des blauen Sees und ihr Duft berauscht es und weckt auf die Träume der Jugend; dann tauchen vor mir auf die edlen Züge der Lady Lindsay und das treue kluge Männergesicht des Squire und wie frische Rosenknospen nicken mir die blühenden Gesichter der kleinen Mädchen zu und grüßen mich und blicken lächelnd auf den tanzenden Neger und über Allen schwebt in leuchtender Glorie — Virginie. — Ihre Hand ragt empor zum funkelnden Sternenhimmel und ihre Lippen rufen aus weiter unerreichbarer Ferne: „Komm zu mir!" —

Rasch gehe ich über den Tag des Abschieds weg, an welchem ein dichter Nebel den Himmel und den See verhüllte, gleich den Thränen, welche Virginiens Augen verschleierten. Unauf= haltsam rollte die Locomotive dem Westen zu, und weiter und immer weiter entfernten wir uns von der Stätte unseres Glücks. — Wenige Tage später langten wir in Leavenworth an. Kurz nach unserem Eintreffen bot sich eine Ge= legenheit nach Denver City (Pikes Pik) zu ge= langen, und da von dort eine Straße nach Santa Fé geht, so besannen wir uns kurz und ich übernahm die Führung eines kolossalen Frachtwagens, welcher mit Kaffee, Zucker und Branntwein beladen und mit sechs starken Maul= thieren bespannt war. Die Firma sandte acht Wagen nach Denver City und ein Mann Namens Armstrong war der Führer des Zuges, dem sich noch mehrere Geschirre anschlossen, welche von Auswanderern der abenteuerlichsten Sorte aus= gerüstet waren. Diese Herren, meist Irländer,

beabsichtigten nach Californien zu gehen. Einige
Geschirre, aus deren Leinwandbach mehrere
Frauenzimmer guckten, gehörten frischgetauften
Mormonenfamilien, welche den großen Salzsee
zu bevölkern gedachten. Bis Fort Riley be=
gleitete uns ein Regierungstrain, zu dessen Be=
deckung eine halbe Compagnie gutbewaffneter
Cavallerie beigegeben war. Von dort ab zogen
wir, auf uns allein angewiesen, in kurzen Tage=
märschen über das schneebedeckte und stellenweise
aufgeweichte Hügelland der Prairie. Armstrong
war ein trefflicher Führer und leitete den Zug
mit großer Umsicht. Die Strapazen, welche
wir erduldeten, waren nicht gering, allein nichts
konnte mich ermüden oder aus der Fassung
bringen, denn aus den Augen meiner jungen
Frau las ich Glück, Zuversicht und unerschütter=
lichen Muth. Armstrong bewies uns alle er=
denklichen Aufmerksamkeiten und wenn die Nächte
sehr kalt oder naß waren, wurde Virginie wie
ein Kind in Wolldecken und Regentücher ge=
hüllt; dafür bereitete sie für Armstrong und
seine Treiber die Mahlzeiten und braute einen
Hot = Whisky, von welchem ersterer behauptete,

daß man ihn in Planter's Hotel zu Leaven=
worth nicht halb so gut trinke.

In einem der Creeks, welche — wenn ich
nicht irre — in die Salomon Fork mündeten,
blieb eines Tages unser Train stecken. Wir
Treiber mußten in's Wasser springen, mit der
Axt das Eis am Ufer entfernen, Winden im
Wasser ansetzen, kurz mit unendlicher Mühe
fast jeden einzelnen Wagen aus den zugefro=
renen Sumpflachen loseisen. Bei heftigem
Winde schlugen wir nicht weit von der fatalen
Stelle unser Lager auf. Am nächsten Morgen
waren einem Irländer, Namens Gordon, zwei
Ochsen entlaufen, und da wir am vergangenen
Tage mehrere Indianer in der Nähe des
Creeks begegnet hatten, so schwor derselbe, die
Rothhäute hätten das Vieh geraubt und er ver=
maß sich hoch und theuer, er werde den ersten
Indianer, welcher ihm zu Gesicht komme, nieder=
schießen. Armstrong, welcher diese Drohung
mit angehört, vermahnte den trotzig und wild
aussehenden Burschen, er möge solche Gedanken
fahren lassen und nicht aus Rachsucht ein Un=
heil anstellen, welches dem ganzen Train sehr

leicht zum Verderben gereichen könne. — Diese
Worte waren in den Wind gestreut, denn kaum
zwei Stunden später entdeckte der brutale Ire
am Rand eines kleinen Sees einige Indianer,
welche Angeln legten. Unbemerkt schwang er
sich auf das Pferd eines seiner Kameraden und
ritt zu jener Stelle hin, wo er ohne Weiteres
zwei dieser armen Creaturen niederschoß. Die
Uebrigen flohen laut heulend über den Hügel
und retteten sich vor den Revolverkugeln des
Barbaren. Armstrong war so entrüstet über
diesen unmenschlichen Act, daß er den zurück=
kehrenden Iren sicher vom Pferde geschossen hätte,
wären die Freunde desselben nicht dazwischen
getreten. Grausam fluchend setzte sich der
redliche Mann wieder an die Spitze des Zuges
und trieb uns zur schärfsten Eile an. Virginie
rief mir vom Wagen her zu: „Glaubst Du
nicht, daß dieser Vorfall ein Unglück herbei=
führen wird?" — Ich beruhigte sie vom Sattel
aus, so gut ich konnte und rastlos eilten wir
weiter. Der Mittag verging und noch ent=
deckten wir nichts bedrohliches. Bei einem
Carrel machten wir eine Stunde Halt, fütterten

rasch ohne auszuschirren und eilten dann wieder
ruhelos fort. Schon dämmerte der Abend heran
und ein kurzes Schneegestöber hüllte unsern
Zug ein, so daß einer der Auswanderer, welcher
an meiner Seite ritt, zu Virginie hinaufrief:
„Jetzt ist die Gefahr vorüber, junge Frau!"
Da plötzlich hielt Armstrong an der Spitze
des Zuges an, und gab mit der Hand das
Zeichen „Stop!" Eine halbe Minute horchte
er in die Dämmerung hinaus, dann brüllte er
mit seiner rauhen heiseren Stimme ein Goddam!
flog auf seinem Eisenschimmel um das erste
Geschirr und gab donnernd das Commando:
„Zum Kreise!"
Während wir in fliegender Hast schwenkten
und die Geschirre so einfuhren, daß zur Noth
eine kreisförmige Wagenburg hergestellt wurde,
hörten wir von allen Seiten den Hufschlag
galoppirender Pferde, dann erscholl ein helles
ohrenzerreißendes Geschrei und ehe unsere Waffen
noch in Bereitschaft waren, stürmten aus dem
Norden und Osten über hundert Indianer mit
Rifles bewaffnet und auf mageren zottigen

Pferden hockend, gegen unsere Geschirre und schlossen einen Kreis um uns her.

Virginie war auf der Deichsel fortschreitend plötzlich an meiner Seite und umklammerte meinen Hals. „Sei ruhig, Kind, und fürchte nichts, raunte ich ihr zu. „Bleib beim Wagen und sei tapfer!" Damit sprang ich aus dem Sattel, nahm den Revolver in die Rechte und stellte mich neben Armstrong, der ebenfalls mit dem Revolver bewaffnet, einen Blick auf seine geringe Mannschaft und die Lücken warf, welche zwischen den Wagen geblieben waren. „Ist noch Rettung?!" rief ich dem Führer zu. Dieser legte sein wettergebräuntes Gesicht in sehr trübe Falten und antwortete mit einem Fluche; alsdann ritt er in eine der weitesten Lücken und gegen die Indianer los, welche bei den Wagen angekommen, wie auf Commando Halt machten. „Was wollt Ihr?!" rief er mit seiner rauhen Stimme den Indianern trotzig entgegen. — Es trat eine kurze Pause ein und von rechts kamen zwei Reiter näher, von denen der eine in schlechtem Englisch fragte, wer der Führer des Zuges sei.

„Das bin ich," gab Armstrong zur Ant=
wort.

Der zweite Reiter, wahrscheinlich der Häupt=
ling, war ein starkgebauter Mann mit römischer
Nase und krausem schon etwas grauem Haar —
eine seltene Erscheinung unter den kleinen häß=
lichen Fratzen, deren langes straffes Haar, wie
die zottige Mähne eines Pferdes über das gelbe
Gesicht mit den Triefaugen hing. Der Häupt=
ling trug, wie die meisten seiner Stammes=
genossen, einen grauen Teppich um die nackten
Schultern, ein Zeichen, daß der Stamm die
Unterstützung Unkle Sams genoß. Der englisch
redende Bursche wechselte einige Gutturaltöne
mit seinem Chef, dann wandte er sich mit seinen
lauernden entzündeten Augen gegen Armstrong
und erklärte, daß der Mann, welcher einen
Krieger und eine Squaw seines Stammes er=
schossen habe, ausgeliefert werden müsse.

Armstrong leugnete anfangs die Anwesen=
heit des Irländers, als der Chef dann aber
unter heftigen Geberden durch den Dollmetscher
eine Durchsuchung der Wagen verlangte, gestand
Armstrong, welcher von dem Eindringen der

Wilden in die mit Whisky beladenen Fracht=
wagen das schlimmste befürchtete, die Anwesen=
heit des Mörders zu.

„Der Führer unseres Stammes will der
Regierung keinen Anlaß zu Beschwerden geben,"
fuhr der Dollmetscher fort — „er fordert des=
halb von Euch nichts, als die Auslieferung des
Mörders — wird das verweigert, so muß der
ganze Train von der Erde vertilgt werden,
damit kein Ankläger übrig bleibt."

Armstrong fand diese Alternative so klar
und zweifelsohne, daß er ohne Zögern die Aus=
lieferung des Mörders versprach.

Soweit war Alles in bester Ordnung. Wer
aber sollte den desperaten Iren, welcher von
sechs gutbewaffneten Freunden umgeben war,
ausliefern?

Armstrong ritt unerschrocken auf die Gruppe
der im Innern der Geschirre harrenden Irlän=
der zu und eröffnete ihnen, daß sie entweder
ihren Kameraden preisgeben müßten oder sie,
mitsammt dem ganzen Train, seien verloren.
Der Mann hatte eine rauhe, aber sehr präg=
nante Sprechweise, auch kannte er die Schwächen

der Irländer sehr genau — er wußte, daß ihnen nichts mehr Respect einflöße, als die Hölle; deshalb gab er ihnen kurz zu bedenken, ob sie als Mörder von so vielen guten katholischen Christen (zufällig war außer den Irländern kein einziger Auswanderer mehr katholisch) der ewigen Verdammniß anheimfallen wollten. — Gordon war bei Armstrong's Rede stumm ge= worden und trotz des Halbdunkels, welches uns umgab, bemerkte ich, daß er heftig zitterte und seine Lippen bebten, als schüttle ihn das Fieber; auch seine Kameraden fanden kein Wort der Entgegnung. Plötzlich erhob sich außerhalb der Wagen das Geschrei der Indianer, welches dem Kreischen der Geier glich. Armstrong faßte rasch entschlossen Gordon an der Brust, riß ihn aus der Mitte seiner Freunde und schleifte ihn bis zu der großen Wagenlucke. Jetzt umgab ein ganzer Knäuel von Indianern den Chef und als sie das Opfer in den Händen Armstrong's gewahrten, stießen sie ein gellendes Triumph= geschrei aus. Nur wenige Schritte trennten Gordon von den Hufen der Indianerpferde, da drangen die Irländer vor, entrissen das todten=

bleiche Schlachtopfer Armstrong's Händen und
verlangten, daß bei der Auslieferung die Be=
dingung gestellt werden müsse, die Indianer
sollten Gordon vor den Augen seiner Lands=
leute erschießen. — Kaum hatte der Dollmetscher
dies Verlangen dem Häuptling mitgetheilt, so
sprangen ein Dutzend Indianer vom Pferde,
stürzten sich blitzschnell mit wildem Geschrei auf
die Irländer, rissen die Vordersten zu Boden,
verwundeten einige mit dem Tomahawk und
schleppten nach kurzem Handgemenge das Schlacht=
opfer aus der Mitte seiner Vertheidiger fort.
Gordon verschwand mit einer Schlinge am
Halse, kreischend und stöhnend vor Angst, im
wilden Knäuel. Virginie war beim Anblick
des Gewühls vom Wagen gesprungen und eilte
herbei, um mich der Nähe des Kampfplatzes zu
entreißen. In diesem Augenblick feuerte ein
verwundeter Ire seinen Revolver auf die In=
dianer ab, einige von diesen machten Kehrt
und drückten ihre Rifles ab — sie zielten nach
dem Raubzeug und trafen die Taube.

Virginie faßte nach der Brust, wankte und
als ich zuspringend meine Arme um sie schlang,

stammelte sie: „Halte mich — ich sterbe!"
Ihr Kopf sank auf meine Schulter, ihr Mund
hauchte meinen Namen, dann wurde ihr Auge
starr, der Körper bleischwer. — Die schwarzen
Schatten des Todes senkten sich auf ihr Haupt.
Mein Juwel war verloren. Bewußtlos sank
ich mit ihr zur Erde.

Als ich wieder zu mir kam, lag ich beim
Feuer und ein starker Whiskygeruch umgab
mich; man hatte mir die Schläfe damit einge=
rieben. Die Indianer waren zerstoben in der
dunkeln Nacht, wie ein Rudel hungriger Wölfe,
nachdem es sein Opfer zerrißen hat. — Mond=
licht fiel auf das tobtenstille Lager. An meiner
Seite saß Armstrong und rauchte wie gewöhn=
lich seine Cigarre. War denn Alles nur ein
wüster Traum: der Ueberfall der Indianer,
die Auslieferung der irländischen Bestie und
der Tod meiner angebeteten Frau? „Wo ist
sie?" fragte ich Armstrong. Dieser blies eine
mächtige Wolke von sich, dann sagte er: „Sie
schläft im Zelte; laß sie ruhig liegen, bis es
Tag wird."

Ich sah den Mann fest an und er wandte

sein Gesicht ab. Rasch erhob ich mich und trat
an's Zelt. Ich lüftete langsam die Leinwand,
welche den Eingang verhüllte und das Mond=
licht fiel auf Virginiens regungslose Züge. —
Sie schlief den Schlaf, dem kein Erwachen
folgt.

Ich setzte mich zu ihr nieder und im Zu=
stand dumpfer Betäubung blieb ich da hocken,
bis es Tag wurde und Armstrong mit seinen
Leuten kam, um sie abzuholen. — Ein Grab
wurde geschaufelt, auf einem Hügel, von dessen
Spitze aus man weit über die schneebedeckte
Prairie sah; dort senkte man sie ein und Erde
und Schnee deckten den schönen Leib, welcher
das beste treueste Herz verschloß. Armstrong
pflanzte eine verkrüppelte Eiche in die frisch auf=
gewühlte Erde, anstatt des fehlenden Kreuzes
und ich starrte unablässig über das öde Land
und weinte nicht. Für solches Herzweh hat
das Auge keine Thränen.

Wie ein Träumender langte ich in Denver
City an. — Sollte ich nach Santa Fé und
weiter wandern? Wozu? — Virginie war todt
was lag mir jetzt an Gold und Vermögen.

Eine tiefe Sehnsucht überkam mich — nach der Grabstätte meines Weibes. Sie lag so ganz allein auf der unermeßlichen Haide und ich hatte nicht eine Thräne vergossen, als man sie in die kalte Erde senkte.

Ohne Armstrong, welcher nach dem Norden ging, Lebewohl zu sagen, kaufte ich mir einen mexikanischen Pony, legte auf seinen Rücken einen Zwergsack mit etwas Proviant für uns beide und wanderte ganz allein den weiten Weg zurück, den ich gekommen. Von Carrel zu Carrel, von Fort zu Fort zog ich, bis ich den Hügel wiederfand, unter welchem Virginie ruhte. Ein Adler kreiste in der Luft, beschrieb über meinem Haupte weite Bogen und verschwand dann in der blauen unermeßlichen Ferne. Mein Reitthier nagte die Gräser aus der Erde, welche der warme Frühjahrsregen emporgetrieben hatte und ich saß in der menschenleeren Prairie, auf dem Hügel, der das theuerste barg, was ich je mein nannte. Und nun, da ich allein war, — so ganz allein, wie der verschlagene Schiffer auf dem Weltmeer, nun konnte ich weinen: heiße Thränen lang verhaltenen Leids. Schluchzend warf ich mich zur Erde nieder und küßte sie und rief wieder und wieder: „Virginie, ich liebe Dich!" Mein Auge hatte sich satt geweint und von meinem Herzen war die entsetzliche Beklem= mung gewichen, welche es zu ersticken drohte; erleichtert, fast getröstet, nahm ich von der theuren Stätte Abschied und wandte mein Ge= sicht dem Osten zu, woselbst eine befreundete Welt lag, die ich nie hätte verlassen sollen.

In einem der nächsten Creeks, welche durch den geschmolzenen Schnee und die Regengüsse zu Strömen angeschwollen waren, verlor ich meinen Pony. Das Thier war zum Skelet abgemagert und besaß nicht mehr die Kraft, das reißende Wasser zu bewältigen. Ich rettete mein Leben und wanderte in Eilmärschen von Hunger und Durst gepeinigt weiter, bis ich eine kleine Ansieblung der Shawnee's (Indianer) er= reichte, wo ich für meine letzte Münze etwas Maisbrod einhandelte. Erschöpft und mit wunden Füßen langte ich in Leavenworth an. Ohne mich einen Augenblick zu besinnen, ging ich von Haus zu Haus und frug nach Arbeit. In einem großen Leihstall fand ich, was ich

suchte. Einen Monat hielt ich unter irischen
Knechten, Mauleseln und Pferden aus, dann
kassirte ich 25' Dollars Lohn ein und verirrte
mich in's Theater, woselbst eine bairische
Schmierengesellschaft unter Mithülfe geistreicher
Dilettanten Komödie machte. Auch mich ließ
man auf die Bretter und als ich die dritte
Rolle gespielt hatte, bot mir das Haupt der
Bande ein Engagement an. Da sich jedoch das
Unternehmen durch den jähen Tod der Groß=
mutter der Familie zersplitterte, ging ich nach
St. Louis, wo ich bei Director Koser ein Unter=
kommen fand.

Noch einen kurzen Sonnenblick der Freude,
aus jener wilden und doch so schönen Zeit, ge=
währte mir das Glück. Eines Abend war ich
zum Director gegangen und hatte ihn gebeten,
er möge mich am nächsten Morgen von der
Probe entbinden.

„Sind Sie krank?" frug Koser.

„Nein — aber —"

„Nun aber —? weshalb wollen Sie frei
sein? Reden Sie!" rief der Director und
fuchtelte mit seinem spanischen Rohr in der Luft

herum, als wolle er sich die Kritikaster sämmt=
licher Journale vom Leibe halten."

„Ich muß meine Stiefel besohlen lassen!"
antwortete ich zögernd. Koser lachte heftig und
sagte: „Erklären Sie sich deutlicher!"

„Ich besitze nur ein Paar Stiefel," erwiderte
ich, „und meine Gage ist so gering, daß sie nur
eben hinreicht, um Kost und Logis zu bestreiten,
wenn darum die Sohlen entzwei sind, muß ich
einen Tag über zu Hause bleiben, damit der
Schuster bis zum Abend ein Paar neue Sohlen
aufnähen kann."

Koser war ein gutmüthiger Director und
sagte nach kurzem Besinnen: „Sie sollen ein
Benefiz haben, vielleicht wirft das ein Paar
neue Stiefel ab."

Obgleich es am Abend der Benefizvorstellung
regnete, was bekanntlich in einem offenen Som=
mertheater einen sehr niederschlagenden Effect
auf den Theaterbesuch hervorbringt, so zahlte
mir doch der Director am folgenden Morgen
15 Dollars aus. Mit dieser Summe in der
Tasche schlenderte ich fröhlich durch die Straßen
und rechnete mir aus, was ich alles für dies

viele Geld anschaffen wolle. Ich hatte eben das
glückliche Facit erlangt, daß ein Paar leichte
Schuhe und ein schwarzes Beinkleid, vielleicht
auch noch ein billiger Strohhut mit dem Gelde
zu erschwingen seien, da gewahrte ich dicht vor
mir zwei Soldaten, von denen der eine, auf
einen Krückstock gelehnt, etwas hinkte, der andere
ein fremdes Gesicht und eine neue Uniform
zeigte. In der Nähe der vierten Straße blieben
diese beiden Männer vor einem Schaufenster
stehen; schon wollte ich an ihnen vorüber, da
drehte der Hinkende den Kopf nach mir um
und Marx blickte mich mit seinen blauen Augen
staunend an. Wir stießen gleichzeitig einen
Schrei aus, dann sanken wir uns in die Arme
und zum Erstaunen aller Vorübergehenden
brüllte Marx ein Hurrah! als wolle er ein
Carré sprengen. Marx hatte im Frühjahr
einen Schuß in's Bein erhalten und war zu
seiner Heilung und Erholung nach dem Norden
gesendet worden, wo er sich mit der Schwester
seines Begleiters verlobte und durch seinen Vater
eine kleine Farm ankaufen ließ, welche er mit
seinen Ersparnissen bezahlte und nach dem Kriege

zu bewirthschaften gedachte. Das Glück des braven Burschen war also gesichert. Am folgenden Tage sollte er zu dem neuorganisirten Regimente nach Natchez abgehen. Wir genossen am Abend die Freude des Wiedersehens in vollen Zügen und speisten nach dem Theater in einer guten Restauration, wo wir bei der vollen Flasche sitzend über vergangene Zeiten plauderten, bis der Morgen kam. Einige Tropfen bitterer Wermuth fielen in diesen Becher der Freude; es war die Erinnerung an Virginie und Max Rosen. Letzterer hatte in dem Treffen bei Malvern Hill durch einen Schuß die rechte Hand verloren und wurde arbeits- und dienstunfähig mit einer kleinen Pension zu seinem Bruder gesandt. — Der arme Rosen! Wie mag er die Hand beweint haben, mit welcher er dem Flügel so klingende, scherzende Töne entlockte, wie die jauchzenden Variationen zum Lauterbacher.

Ich geleitete Max am nächsten Morgen zum Schiffe, welches ihn stromabwärts führte, gab ihm Grüße mit an die wenigen Kameraden, welche sich in der Compagnie meiner noch er-

innerten und nahm mit den Gefühlen innigster
Wehmuth von dem Freunde Abschied, welchem
selber eine Thräne langsam über die sonnver=
brannten Wangen lief.

Als ich zur Stadt zurückkehrte, war meine
Baarschaft zum Teufel, und ich konnte mir keine
neuen Stiefel kaufen; allein was wollte das be=
deuten! — Ich hatte Marx wiedergesehen, den
treuesten liebsten Freund aus jenen unvergeß=
lichen Tagen eines kühnen wilden Reiterlebens!
Ich hatte ihn wiedergesehen, vielleicht zum letzten
Male für dieses Leben, denn mein neuer Beruf,
dem ich treu geblieben, führte mich auf andern
Pfaden in eine andere Welt.

Im nächsten Jahre legte der tapfere Robert
Lee seinen Degen in die Hände seines Gegners,
den er einst bei Wilderneß geschlagen hatte.
Grant erntete den Ruhm, diesen unheilvollen
Bürgerkrieg beendet zu haben und als ihn die
dankbare Nation zum Präsidenten erwählte,
sprach er die goldenen Worte: „Let us have
peace!" Dieser kurze Satz giebt ihm einen
größeren Anspruch auf Unsterblichkeit, als sein

Feldherrntalent, denn nur der Friede begründet das Glück der Völker.

Dir, mein freundlicher Leser, der Du mir von den lachenden Auen des Valley, nach den Wäldern von Arkansas, zu den Rosengärten von Memphis und an die Gräber der Feste Vicksburg, bis in die weite Prairie hinaus ge= folgt bist, sage ich an dieser Stelle ein herz= liches Lebewohl. Verdamme nicht den Helden dieser Geschichte. Ich habe in ihm einen Menschen geschildert, behaftet mit allen Fehlern und Thor= heiten der Jugend; vielleicht hat derselbe seinen Läuterungsprozeß gefunden durch:

„Wilde Fahrten."

In's Herz getroffen.

———————

⚓ Eine Tragödie in der Tragödie.

Ueber den Gestaden eines der großen Seen, welche den Norden der Union begrenzen, leuchtete die Abendsonne eines köstlichen Indianersommers.

Wer kennt die goldburchwirkte, sonnengetränkte Luft, mit welcher der Himmel die September= und Octobertage Nordamerika's beschenkt?! Sie bieten eine reiche Entschädigung für den Staub und die Hitze der Sommerszeit und können als eine Ergänzung der karg zugemessenen Frühlingstage gelten. Da wird der Aether so klar und rein, und die Himmelsdecke so tiefblau, als lagerte beides über den Fluthen des mittelländischen Meeres; die Sonne aber wirft milde goldene Strahlen auf eine Land=

ſchaft, ſaftiggrün und üppig, wie die Alpen=
thäler der Schweiz.

Am Südweſtende des Städtchens E..., dicht
am Ufer des See's, wurde an einem jener köſt=
lichen Septemberabende, zwiſchen fünf und ſechs
Uhr, das hohe Thor eines Landhauſes geöffnet.
Die prächtige, mit einem Periſtyl geſchmückte
Façade desſelben, der blumenreiche Garten, in
welchem zwei Fontainen plätſcherten, ſammt
einem neuangelegten Weinberge und uralten
Parke mit hohen, ſchattenreichen Bäumen, wür=
den jeden europäiſchen Beſitzer veranlaßt haben,
dieſem Landſitze den Titel Schloß oder zum
mindeſten Villa beizulegen und über dem Por=
tale ein Wappen mit Löwen oder anderem Ge=
thier, oder auf demſelben wenigſtens eine Deviſe
ſammt Namen und Titel des Hausherrn an=
bringen zu laſſen. Da Amerika jedoch ohne
Adel und ſehr arm an Titeln iſt, ſo hatte das
erwähnte Thor der Cottage nichts von alledem
aufzuweiſen, und nur der Klingelzug war mit
einer Kupferplatte geſchmückt, auf welcher die
Worte Doctor K. Brandes eingravirt ſtanden.

Ein flachshaariger Knabe hatte eben die Thor=

flügel geöffnet und über den breiten Kiesweg kam eine milchweiße Stute dahergetrabt, welche ein leichtes Buggy zog. Eine junge Dame mit kastanienbraunem Haar, das in kurzen Locken ein munteres Schelmengesichtchen umrahmte, führte die Zügel; an ihrer Seite lehnte mit stolzer Ruhe eine Blondine. Hätte nicht ein schwarzes Wollkleid von modernstem Schnitt, dessen einzige Zierde ein weißer Shakespeare= kragen bildete, die vollendet schönen Formen dieser jugendlichen Frauengestalt eingeengt, so hätte man glauben können, den Bildern eines Rubens sei eine jener vollen niederländischen Frauengestalten entstiegen, welche in ihrer pla= stischen Vollendung so oft unser Auge entzücken. Ihr Auge glich der Cyane, die draußen aus den goldenen Feldern hervorblickt. Wie zwei reiche Aehren fielen die Flechten ihres röthlich=blonden Haares auf die vollen Schultern. Kein Ring zierte ihre weiße schmale Hand, kein Armband das feine Handgelenk. Die junge Dame wußte ohne Zweifel, daß Mutter Natur sie zu reich ausgestattet habe, um künstlichen Schmuck nicht als eine Ueberladung erscheinen zu lassen.

„Mylady", die weiße Stute, hatte eben mit einem Schütteln der Mähne den Buben am Thorweg gegrüßt, und trabte in die nach dem Städtchen führende Allee von schattigen wilden Wallnußbäumen ein.

„Dort rechts liegt der Kirchhof!" rief Rofa — so hieß die Braungelockte — als die Allee hinter den beiden Mädchen lag, und die Stute einen Hügel in Angriff nahm, dessen Spitze durch eine schlanke Kirche gekrönt wurde. „Der Kirchhof ist unser nächster Nachbar —"

„Ein recht friedlicher Nachbar" — unterbrach sie Clariffe, die blonde Schöne.

„Aber darum auch ein angenehmer und schöner Nachbar," fuhr Rofa eifrig fort. „Papa meint, er säße seine Patienten mit viel weniger Gewissensbissen sterben, als seine Collegen in andern Städten, da er die Beruhigung habe, daß sie Alle eine so hübsche, fast heitere Grab= stätte fänden; darum nennt er den Kirchhof auch beharrlich Hotel Sanssouci."

Clariffe lächelte unwillkürlich und blickte durch die dunkeln Cypressen auf die Gräber, welche durch Marmorkreuze, Obelisken, Mau=

soleen, Blumen und Muscheln verziert waren.
Auf einem offenem Rondel mit kurz geschorenem
Rasen spielte ein kleines Mädchen, das Kind
des Todtengräbers. An seiner Seite tummelte
sich ein junger Affenpinscher. Jetzt schüttelte
die Kleine den schlanken Stamm eines Rosen=
bäumchens, dessen Krone über des Kindes Köpfchen
ragte. Wie ein Schneegestöber flogen Wolken
zarter, weißer Rosenblätter auf das dunkle Haar
des Kindes. Der täppische Pinscher aber nahm
die weißen Blätter für junge Mäuschen und
stürzte knurrend, mit glänzenden großen Augen
und gesträubtem Schnurrbart, auf die vermeint=
liche Jagdbeute los, worüber die Kleine in ein
tolles, jauchzendes Gelächter ausbrach.

„In der That, ein lachender Friedhof,"
sagte Clarisse, welche die Scene aufmerksam be=
obachtet hatte, „man sehnt sich fast nach dem
Tode, blos um hier schlafen zu dürfen."

„Scherze nicht so gottlos!" entgegnete Rosa.
„Wir wollen hübsch leben bleiben, damit ich
meinen Sam heirathen und Deine Schwägerin
werden kann. Meinst Du, ich verzichte auf
das Vergnügen, die Schwiegertochter eines Se=

nators und die Frau eines berühmten Advo=
katen zu werden? Doch blicke links! Da unten
liegt der neue Hafen."

Auf dem kleinen Feldplateau, an dessen Süd=
ende jene einsame Kirche lag, machte Rosa Halt
und deutete mit der Hand auf eine weite Bucht,
in welche sich ein breiter Kanal ergoß.

Der neue Hafen wurde im Westen und Osten
durch Felsen eingeschlossen, und an den Ufern
des Kanals waren Docks und Quais angelegt,
an deren einem Ende eine breite Sandstein=
treppe direct in's Wasser führte. Ein schmaler
Fußweg schlängelte sich von dem Plateau hinab
zum Quai, während auf der anderen Seite ein
breiter Schienenweg an dem Ufer des See's
entlang nach dem städtischen Bahnhof und dem
alten Hafen lief.

„Papa hat im Verein mit mehreren Kapi=
talisten den neuen Hafen ausgebaut und das
umherliegende Terrain angekauft. Er meint,
die Fabriken unserer Stadt würden mit der Zeit
alle an den Kanal und diesen Hafen zu liegen
kommen; und in der That haben ein Walzwerk
und eine Oelraffinerie den Anfang gemacht.

Doch von solchen Dingen verstehen wir Beide
nichts; das wird Sam mehr interessiren, wenn
er im Frühjahr hierherkommt. Was uns besser
gefällt, das sind die leichten Schiffe, welche mit
geschwelltem Segel über den See dahinfliegen.
Siehst Du das Schiff mit den zwei schlanken
Masten und breiten Segeln? Es jagt so leicht
über die sprühenden Wogen, wie eine flüchtige
Gazelle, die den Sand der Sahara aufwirbelt.
Das ist eine schwedische Barke. Sie steuert
allem Anschein nach Toledo zu."

„Woher weißt Du denn, daß das eine schwe=
dische Barke ist?" fragte Clarisse, mit einem
Anflug von Staunen, ihre kleine lebhafte
Freundin.

„Weil ich seit meinem Austritt aus dem
Pensionat meine Kenntnisse in allen Branchen
der Nautik um ein Wesentliches bereichert habe.
Wir machen fast jede Woche einen Ausflug an
Bord der auslaufenden Dampfer oder Klipper;
auch segeln wir sehr häufig nach der Insel=
gruppe, welche da unten im Westen liegt. Doch
diese Inseln wirst Du demnächst selbst kennen
lernen. Wir arrangiren eine Wasserparthie, an

welcher Du Theil nehmen mußt, dann sollst Du
staunen, wie ich das Ruder führe und das Netz
auswerfe. Das Fischen selbst langweilt mich
freilich sehr, weil man dabei nicht laut reden
darf. Da mir das Schweigen nun sehr schwer
fällt, mache ich selten einen glücklichen Fang."

Clarisse blickte lächelnd nach Westen. Hinter
der Wallnußallee, welche kaum auf Schußweite
hinter ihnen lag, wirbelte eine Rauchsäule auf.
Dort lag das schöne Landhaus des Doctor
Brandes, die Heimath ihrer Freundin Rosa.
Eine reiche Hügelkette mit welligen Conturen
bildeten die hohen Ufer des See's, hinter welcher
eine baumreiche, üppig ernste Landschaft im
Genre des Claude Lorrain fortlief, bis zu der
eben genannten Inselgruppe, deren Sandstein=
ufer auf der Ostseite sich der Ferne wegen ver=
schwommen und unklar dem Auge darstellten;
nur im Norden traten einige dunkle Felsen be=
stimmter aus dem blaugrünen Wasser hervor
und waren rings am Fuße von einem hellen
Silberbande umgeben.

„Das ist die Brandung des See's an den
rothen Felsen von Happy=Island," erklärte Rosa,

als Clariffe nach der Urfache diefer Erfcheinung
fragte. „Doch Du wirft das Alles bald in der
Nähe bewundern können, jetzt müffen wir wei=
ter, da ich vor Beginn des Theaters noch einen
Gang nach der Mufikalienhandlung zu machen
habe. Allons donc, Mylady!"
Mylady trabte rafch bergab. Der Weg
führte an Gärten vorbei, welche an der Süd=
feite mit Rebengeländen eingefaßt waren.

„Zwei große Wohlthaten haben meine deut=
fchen Landsleute diefem unfultivirten Amerika
zugewendet," fagte Rofa beim Anblick der vollen
Trauben, welche ftrotzend vor Fülle aus dem
Laube hervorlugten: „die heimifche Rebe und
ein vortreffliches Lagerbier. Papa meint, diefe
zwei Produkte wären mehr werth, als felbft die
von Doctor Samuel Hahnemann in Meißen
erfundene Homöopathie, und das will viel fagen,
denn Papa ift felbft Homöopath."

„Eine Traube gefällig?!" Beim Ton diefer
Stimme, welche aus dem benachbarten Garten
fchallte, zügelte Rofa den Lauf Mylady's und
fchaute um fich. Der Kopf eines jungen Bur=
fchen im Alter von etwa 18 Jahren tauchte

zwiſchen den Blättern der Weinſtöcke hervor, ſein Geſicht war über und über mit Sommer= ſproſſen bedeckt, und die rothen Kopfhaare hingen faſt bis dicht über die blauen Augen. Roſa lachte aus vollem Halſe, als ſie des Burſchen anſichtig wurde.

„Michel!" rief ſie, „komm näher und gieb uns einige Trauben." Der Gerufene war in Hemdsärmeln, trat jedoch, ohne die mindeſte Verlegenheit zu zeigen, an eines der Wagen= räder und präſentirte ſeinen, mit auserleſenen Trauben gefüllten Korb. „Deine Trauben, lieber Michel, kommen ſehr gelegen, denn meine Freundin Clariſſe und ich gehen heute Abend in's Theater. Im Theater wird's ſehr heiß ſein, und dieſe Trauben bieten uns dann eine willkommene Erfriſchung. Nimm unſerm Freunde Michel einige Trauben ab und lege ſie in das Körbchen zu unſern Füßen — ich bitte, liebe Clariſſe — Du ſiehſt, ich muß Mylady mit beiden Händen halten; das Thier wird unge= duldig." Clariſſe that, wie ihr geheißen wurde und Michel grinste. In dieſem Grinſen lag eine Fülle von Glück.

„Ich ginge auch gern in's Theater," meinte
endlich Michel, als Clarisse die vierte und letzte
Traube mit herzlichen Dankesversicherungen ent=
gegengenommen hatte; „allein mein Vater, der
alte Birnbaum sagte, heute würde ein so trau=
riges Stück gegeben, ich solle warten, bis etwas
Lustiges an· die Reihe käme, denn Trauriges
hätten wir schon genug in unserer Familie —
meinte er."

Rosa's Lachen drohte, auf diese treuherzige
Bemerkung des guten Michel hin, einen bedroh=
lichen Charakter anzunehmen, denn ihr Gesicht
wurde ganz roth und Thränen traten ihr in
die Augen. Clarisse aber betrachtete ganz be=
fremdet bald die Lacherin, bald das arglose
Gesicht des sommersprossigen Burschen.

„Dein Vater hat nicht ganz Unrecht," keuchte
Rosa endlich. „Komm nächsten Sonntag heraus
zu uns,· wir speisen zusammen, auch habe ich
eine hübsche blaue Schleife für Dich gemacht,
die will ich Dir geben, ehe wir zur Kirche
gehen."

Michel machte einen Kratzfuß, grinste wieder
so glücklich als zuvor, und Mylady's Huf don=

nerte eine Minute später über die Dielen der
Schiffbrücke, welche die Ufer des Kanals mit
einander verband. Auf der andern Seite des
Wassers führte der Weg durch eine Serie von
Landhäusern, in denen die reichen Geschäfts=
leute der Stadt wohnten. Um Clarisse einen
Einblick in die hübschen Gärten zu gestatten,
ließ Rosa das Pferd langsam gehen und beant=
wortete Clarissens Frage, wer der junge Bursche
sei: „Es ist Michel Birnbaum, mein Schul=
und Spielkamerad. Michel's Vater war früher
Arbeiter in einer Eisenfabrik. Später erwarb
der alte Birnbaum einige Acker billiges Land,
dicht bei unserem Wohnhaus, und legte Wein=
berge an, die ihn zum wohlhabenden Manne
machten. Seit der Zeit herrscht eine gewisse
Freundschaft zwischen Papa und dem alten Far=
mer, und so kam es, daß Michel mein Spiel=
kamerad wurde. — Doch wir sind am Ziele."

Mylady hielt, in der größten Geschäfts=
straße des Städtchens angelangt, vor einem
schmalen Backsteingebäude still; ein alter Mann
mit langem grauem Schnurrbart öffnete den

Wagentritt, und die Damen sprangen, auf seine Schulter gelehnt, auf die Straße.

„Schirren Sie Mylady aus, Matthes," er= mahnte Rosa, indem sie die grüne Hausthür öffnete, „wir fahren spät nach Hause." Matthes, der Kutscher des Doktors, nickte zustimmend mit dem Kopfe, und die beiden Damen traten in das Sprechzimmer des reichen und beliebten Arztes.

Rosa flog wie ein Wirbelwind in's Zim= mer, umhalste ihren Vater und bot einem alten Herrn, welcher auf dem Sopha saß, die Hand. Doktor Brandes küßte Clarisse zärtlich auf die Stirne und indem er ihre Hand faßte, sagte er, gegen den alten Herrn gewendet: „Dies ist Miß Clarisse Graham — Herr Doktor Owen. — Wo wollt ihr hin, Kinder?" fragte er dann.

„Du weißt, Papa, daß wir heute Abend Plätze im Theater bestellt haben," nahm Rosa das Wort, „doch zuvor muß eine Sache von höchster Wichtigkeit erledigt werden. Unser Verein, die Thalia nämlich, beabsichtigt eine Vorstellung zum Besten der Freischule zu geben; allein das Comité konnte keine Stücke ausfindig machen, als ein Schauspiel von Benediх, Rich and poor (Mathilde). Zur Ergänzung dieses Stücks, das für eine Dilettantenvorstellung viel zu kurz ist, bedürfen wir eines Vaudeville's oder einer Operette, in welcher unsern Damen Gelegenheit zur Entfaltung ihrer Stimme ge= geben würde. Kein Mensch wußte Rath, bis man die Sache in meine Hände legte. Nun trat die Angelegenheit in eine neue Phase. Ich trat auf und sagte: Wir geben „Fortunio's Lied." — „O weh!" rief das Comité, „dazu fehlen uns folgende nothwendige Dinge: erstens Stück und Partitur, zweitens Kostüme und drittens ein Musiker, welcher die Operette ein= studirt." — „Kleinigkeiten," erwiederte ich: „Stück und Partitur bestellt uns Samuelson in Newyork, die erforderlichen Kostüme erhalten wir dadurch, daß wir eine Auction der Rollen abhalten, und den Musiker —? Nun, den Musiker finden wir, sobald sich Nummer Eins und Zwei gefunden haben." Diesen schlagenden Argumenten wußte Niemand etwas entgegen= zusetzen und Fortunio's Lied wurde durch Sa=

muelson beſtellt; nun wollen wir hingehen und fragen, ob es angekommen iſt."

Die Herren lachten herzlich über den kleinen Kobold.

„Roſa iſt ein wildes Füllen," ſagte Dr. Owen, als die reizenden Mädchengeſtalten auf der Straße verſchwunden waren; „doch wer iſt dieſe anmuthige Blondine, welche Sie mir als Cla= riſſe Graham vorgeſtellt haben?"

„Die Tochter des Senators Graham aus Philadelphia und die Schweſter des Advokaten Sam Graham, der im nächſten Frühjahr mein Schwiegerſohn wird."

„Alle Wetter, ſomit iſt Roſa verlobt?" rief erſtaunt der alte Herr. „Wie iſt denn das Alles ſo raſch gekommen?"

„Sehr einfach, mein Freund: Roſa wurde zu Philadelphia im Penſionat mit der blonden Graham befreundet, beſuchte häufig das Haus des Senators, lernte den jungen Sam Graham dort kennen, verliebte ſich — wie ſie mir ſagte — zum Sterben in ihn und bat mich, mit ihr dieſen Sommer die Quellen von Saratoga zu beſuchen, wo die Familie des Senators die

14 *

Saison über verweilte. Dort sah ich den jungen Graham, er hielt um Rosa's Hand an, und da er mir gefiel, so sagte ich ja."

„Das ist ja ganz was Neues!" sagte Owen kopfschüttelnd. „Unsere jungen Herren werden Trauer anlegen, wenn sie das erfahren. — Doch ich muß gehen!"

„Ich begleite Sie," sagte Brandes und er= griff seinen Hut. „Der neuangekommene Schau= spiel=Director Macgregor ließ mich rufen; seine Frau soll schwer erkrankt sein."

Die beiden Aerzte trennten sich vor dem nächsten Hotel, die Mädchen aber hatten eben die Musikalienhandlung von E. Samuelson erreicht. In der Verbindungsthüre, welche aus dem Comptoir dieses Geschäftshauses in das Magazin führt, stand ein elegant gekleideter blasser Ladenjüngling und lauschte den rauschen= den Tönen, welche ein unsichtbarer Klavier= virtuose einem der im Magazin befindlichen Steinways entlockte.

„Ist Niemand zu Hause?" rief Rosa, welche eben mit Clarisse in's Comptoir getreten war.

Beim Tone dieser klangreichen Mädchen=

stimme fuhr der blasse Jüngling jählings aus
seinen Träumen auf, verbeugte sich beim An=
blick der beiden Damen so tief als möglich und
zerrte die Anfänge eines jung aufsprossenden
Schnurrbarts in die Höhe, dessen drei längste
Haare sich ängstlich, als scheuten sie das Licht
des Tages, in die Mundwinkel verkrochen
hatten.

„Ist Fortunio's Lied endlich angekommen?"
frug Rosa den Blassen.

„Es gereicht mir zur unaussprechlichsten
Wonne, Ihnen mit einem Ja dienen zu können,
verehrte Miß Brandes," hauchte der Jüngling
mit seinem schmachtendsten Lächeln. „Darf ich
Ihnen das Paket nach der Cottage senden?"

„Haben Sie die Güte, es nach meines Vaters
Office bringen zu lassen," entgegnete Rosa und
wandte sich zur Thüre. „Ach, was ich noch
fragen wollte, Herr Simson — haben Sie noch
keinen Musiker zur Einstudirung der Operette
entdeckt?"

Das Gesicht des Ladenjünglings verzog sich
auf diese Frage zu einer schmerzlich süßen Fratze,
und krampfhaft an den schwachen Sprossen sei=

nes Schnurrbartes zupfend, hauchte er ein Nein, das einem schmerzlichen Seufzer glich. In dem= selben Moment begann das Klavierspiel, welches beim Eintritt der Damen auf einen Augenblick verstummt war, mit einem neuen Thema, und wie von einer mächtigen Idee erfaßt, ließ der Blasse die drei Haare seines Schnurrbartes in die Mundwinkel schnellen und rief mit einer pathetischen Bewegung: „Ich hab's!"

„Was haben Sie, wenn ich bitten darf?"

„Den Dirigenten für die Operette."

„Wer ist es?" fragte Rosa gespannt.

„Der Herr, welcher soeben im Magazine spielt," antwortete der junge Comptoirist und deutete auf die Verbindungsthür. „Dieser junge Herr scheint nämlich ein Musiker von Pro= fession zu sein. — Ich glaube, er beabsichtigt hier in E... ein Concert zu geben und wählt zu dem Ende soeben ein Instrument aus. Bitte, treten Sie nur ein; Herr Samuelson befindet sich ebenfalls dort und wird Ihnen den Herrn vorstellen, meine Damen."

Von dem auf seine Idee stolzen Simson in den Instrumentensaal gedrängt, befanden sich

die Mädchen plötzlich, fast wider ihren Willen,
in einem großen, halbbunkeln Saale, der mit
Flügeln, Pianinos und Harmoniums der verschiedensten Fabriken gefüllt war. Das untere
Ende des Saals beleuchtete ein hohes Glas-
fenster, dessen einbringendes Licht von dem
Laubwerk einer wilden Kastanie durchbrochen
und gedämpft wurde. Die rothen Strahlen der
untergehenden Sonne fielen auf das sonnge-
bräunte Gesicht eines Mannes, dessen hohe
Stirne und edelgeschnittenes Profil durch die
grelle, eigenthümliche Beleuchtung recht in's Auge
traten; sein glänzend schwarzes Haar floß wellig
und halbgelockt bis in den breiten Nacken, der
aus Stein gemeißelt zu sein schien; und während seine Finger leicht und sicher über die
Tasten glitten, starrte das graue Auge, wie von
einem Traum befangen, in's Leere. In den
Zügen wie in der Haltung des Mannes lag
edle Ruhe, gepaart mit träumerischem Selbst-
vergessen. Er hatte den Eintritt der Damen
nicht bemerkt, wie er auch die Anwesenheit des
alten Samuelson vergessen zu haben schien,
welcher an eines der Instrumente gelehnt, die

eintretenden Damen mit der Hand artig grüßte,
dann aber dem Spiele des Fremden mit großer
Andacht weiter lauschte. Befremdet und halb
verlegen machten Rosa und Clariſſe in der Mitte
des Saales Halt und horchten mit verhaltenem
Odem den gemeſſenen Tönen eines Andantes,
das ernſt und kalt durch den Saal hallte. —
Eine feierliche Stimmung, wie ſie den Menſchen
zuweilen beim Brauſen der Orgel in einer halb=
erleuchteten Kirche überfällt, durchſchauerte die
jungen Mädchenherzen. Die Arme um Cla=
riſſens Hüfte legend, ſenkte Rosa ihren Kopf
auf der Freundin Schulter. Allmählig wechſelte
das Tempo: es wurde raſcher und feuriger, wie
auch die Tonfarben wärmer und greller wur=
den, bis zuletzt ein Scherzando dahinflatterte,
ſo keck und wild, ſo neckiſch und bezaubernd,
als ſolle es die Willys aus den Gräbern rufen
und die Nixen aus dem See, damit ſie in Ge=
meinſchaft der Elfen im tollſten Wirbel über
Moorgründe, Waldlichtungen und Seegeſtade
hinraſten, bis das bleiche Morgenlicht die ganze
tolle Sippſchaft in die wogenden Nebel des Sees
verſenke. Doch horch! — Rauſcht da nicht der

erwachende Wald beim Wehen des Morgen=
windes? Tönt nicht aus dem dunkeln Kiefern=
holze der laute Ruf einer Drossel? Immer be=
stimmter, immer brausender werden die tollen
Läufe, welche unter den schlanken Händen des
Fremden hervorrollen; sie rufen die schlafende
Welt aus ihren Träumen, die Finken im Walde
singen ihre Lieder und die schmetternden Triller
der aufsteigenden Lerchen rufen über die sonnen=
beglänzte Flur: der Tag bricht an!

Die Hand des Fremden glitt von den Tasten
und während der letzte Ton im stillen Saale
langsam verhallte, war es, als wandle der Engel
des Schweigens durch den fast düster gewor=
denen Raum. Die Sonne hatte ihre Strahlen
aus dem Laubwerk zurückgezogen und die Figur
des fremden Virtuosen schien regungslos ge=
worden zu sein, wie der sitzende Zeus im olym=
pischen Tempel. — Samuelson brach zuerst das
Schweigen. Er trat an den Fremden heran,
legte die Hand auf seine Schulter und sagte:
„Wir arrangiren drei Concerte in Stokes=Hall,
und ich garantire Ihnen jeden Abend mit
200 Dollars.“

Diese, im schnarrenden Geschäftston gespro=
chenen Worte, äußerten denselben Effect auf den
träumenden Virtuosen, als habe ihm Jemand
unversehens einen Schlag versetzt. Ganz er=
schrocken sprang er auf und blickte mit unver=
kennbarer Empörung in das Gesicht des Musi=
kalienhändlers; als er jedoch die Protectormine
des ernsten Geschäftsmannes bemerkte, schien er
wieder zu sich selbst zu kommen, und in den
Mundwinkeln seines schöngeformten Gesichtes
spielten die zuckenden Lichter des Humors. —
„Schlagen Sie meine Leistungen auch nicht zu
hoch an, Herr Samuelson?" frug er mit ver=
stecktem Spott.

„Lassen Sie mich nur machen, Sir," ent=
gegnete der Musikalienhändler; geschicktes Ar=
rangement und Reclame machen aus Ihnen einen
Liszt. Morgen früh um zehn Uhr setzen wir
einen Contract auf."

„Da ich Verbindlichkeiten gegen Herrn Mac=
gregor habe," bemerkte der Claviervirtuose, „so
ist es selbstverständlich, daß ich nur mit seiner
Erlaubniß und an Tagen spielen kann, an denen
er selbst keine Vorstellungen giebt."

„Sehr wohl, sehr wohl, mein Lieber; auch
das bringe ich mit Macgregor in's Reine, lassen
Sie mich nur machen. Damit wir aber sofort
der Protection einiger einflußreichen Familien
sicher sind, erlauben Sie, daß ich Sie einer
jungen Dame empfehle, deren Urtheil in kunst=
verständigen Kreisen ein maßgebendes ist."

Jetzt erst wendete sich Samuelson nach den
beiden Damen um, welche noch wie festgebannt
im Saale standen und sich umschlungen hielten.
Der Fremde, welcher schon seinen auf dem In=
strumente liegenden Strohhut ergriffen hatte
und sich zum Weggehen anschickte, blieb beim
Anblick der beiden Mädchen erstaunt stehen und
ließ seine blitzenden Augen über die schöne
Gruppe gleiten.

War es ein Gefühl dunkler Ahnung, was
Clarisse unter den Blicken des fremden Mannes
erbeben machte, oder war es ein Nachhall der
mächtigen Musikwellen, welche kaum in ihrem
Ohre verhallten? sie senkte den Blick zur Erde
nieder und fühlte, daß ihr Herz heftig pochte.
Jetzt trat der Fremde näher und eine fliegende
Röthe übergoß ihre Wangen.

„Dies ist Herr Lawrence Linton, meine Damen!" sagte der Musikalienhändler, den jungen Mann vorstellend, „derselbe beabsichtigt unter meiner Leitung einen Cyclus von Concerten zu geben. Damit dieselben Erfolg haben, Miß Rosa Brandes, bedürfen wir vor allem Ihrer Empfehlung in den musikverständigen Kreisen."

Rosa unterbrach den Wortschwall Samuelson's durch ein schelmisches Kichern. „Sie thun ja gerade, als sei ich einer der Recensenten des Clipper, und doch wissen Sie recht gut, daß meine Empfehlung höchstens bei den Mitgliedern der Thalia ein offenes Ohr findet. Kann Ihnen diese nützen, so soll es an mir nicht fehlen, und es sollte mich freuen, wenn ich im Stande wäre, Ihnen zu nützen, Herr Lawrence Linton, denn jene Piece, welche ich und meine Freundin Clarisse mitanhörten, hat uns wahrhaft entzückt; wir danken Ihnen für diesen Genuß."

Lawrence Linton verbeugte sich.

„Sobald die Concertabende bestimmt sind, Herr Samuelson, lassen Sie gefälligst meinen

Papa fragen, wie viele Logenplätze er wünscht. Guten Abend, meine Herren."

Herr Samuelson ließ es sich nicht nehmen, die jungen Damen bis zur Thüre zu geleiten, und als er unterwegs erfuhr, daß dieselben das Theater besuchen wollten, bemerkte er mit einer Handbewegung gegen Linton, welcher sich ebenfalls im Gefolge der beiden Mädchen befand: „so werden Sie das Vergnügen haben, Herrn Linton auch als Schauspieler zu sehen, derselbe ist bei der Truppe Macgregor's engagirt und spielt heute Abend den Laërtes."

Ueberrascht blickten die beiden Mädchen zur Seite und ihre Blicke fielen fast gleichzeitig auf den jungen Komödianten, den sie für einen renommirten Klaviervirtuosen gehalten. Jetzt erst bemerkten sie das ärmliche Habit desselben: er trug eine einfache graue Wollhose, welche durch einen Riemen über den Hüften festgehalten wurde, ein weißes feines Busenhembe, darüber einen schwarzen leichten Sommerrock, welcher an den Taschen einige sorgfältig geflickte Risse zeigte, ein flatterndes, schwarzes Tuch unter einem aufgeschlagenen Kragen und einen Stroh-

hut, vom gröbſten Weizenſtroh geflochten. —
Gewiß, der Mann mit dem ſonnverbrannten
Geſicht und den ernſten Zügen mußte recht arm
ſein, troß ſeiner ſtolzen Haltung und ſeiner
guten Manieren. Clariſſe wandte ſich ſtumm,
mit einer kurzen Neigung ihres ſtolzen Nackens,
zum Gehen, als Linton einen Schritt näher trat
und mit ſonorer Stimme frug: „Darf ich die
Damen bis zum Theater geleiten?"

Die Frage mußte ſehr unerwartet gekommen
ſein, denn beide Mädchen traten unwillkürlich
cinen Schritt zurück. Eine Pauſe der Verlegen=
heit trat ein, und Roſa ſchlug voller Verwir=
rung die Augen zu Boden; Clariſſe aber warf
plötzlich den Kopf zurück, blickte dem ärmlich
gekleideten Mimen voll in's Geſicht und ſagte
mit der ſtolzen Ruhe einer Camerera major:
„Wir danken, Sir!"

Wie angedonnert blieb der Abgefertigte mit
dem Strohhut in der Hand auf dem Trottoir
ſtehen und ſah der ſchlanken Clariſſe nach,
welche ruhig und ſtolz, wie eine Königin dahin=
wandelte. Endlich ſtülpte er den Hut auf ſein
dunkles Haar, folgte den Damen in einiger Ent=

fernung und murmelte leise vor sich hin: „Du schöner Schwan! beuge nur ein wenig den stolzen Nacken, und Du wirst mir zur Beute." —

Die Vorstellung des Hamlet hatte auf das theaterbesuchende Publikum von E... keine große Anziehungskraft ausgeübt, denn als Rosa und Clarisse in die Loge traten, blickten sie auf ein Auditorium im Parterre, welches kaum 100 Personen zählte. Der Sitz, welchen man für Rosa's Vater reservirt hatte, war noch unbesetzt. In der nächsten offenen Loge aber saß ein Herr, welcher beim Eintritt der beiden Mädchen hastig von seinem Sitze emporfuhr und sich mit den Ausdrücken der lebhaftesten Theilnahme nach dem Befinden der Damen erkundigte.

„Wir befinden uns wohl, Herr Huxley," antwortete Rosa. „Wissen Sie nicht, warum Papa noch nicht im Theater ist?"

„So viel ich weiß, befand sich derselbe noch vor einer Stunde im Hotel zum fetten Mann, wo die Frau Macgregor's, der heute Abend den Hamlet spielt, gefährlich erkrankt war. Ich schließe das aus einem Recept, welches Ihr Herr

Vater vor meinem Weggehen in die Apotheke sandte."

„Was hört man sonst über die Gesellschaft Macgregor's, Herr Huxley?" fragte Rosa den Herrn, welcher sich als Apotheker zu erkennen gab.

„Wenig Günstiges," berichtete der Pharmaceut; „die Gesellschaft soll aus Canada herübergekommen und pecuniär sehr herabgekommen sein. Den Macgregors selbst steht von England aus einiges Renommé zur Seite; dann soll ein Anfänger bei der Gesellschaft sein, welcher etwas Talent verräth, ein gewisser Lawrence Linton; er spielt heute Abend den Laërtes und den ersten Schauspieler, wenn ich nicht irre. Der Rest ist Schweigen, wie Hamlet sagt."

Als Huxley, welcher als Chirurg im letzten Kriege gedient und jetzt Besitzer einer sehr rentablen Apotheke war, sein Referat mit diesem geistreichen Citat geschlossen hatte, lächelte er so zufrieden, als wolle er seinem Geiste selbst ein Compliment machen, und blickte auf den Theaterzettel. „Die kleine Macgregor spielt die Ophelia," fuhr er nach einer Pause fort, und die komische Alte die Königin; nun bin ich auf die Vorstellung neugierig: wenn man den Hamlet in Boston gesehen hat, schmeckt so etwas nicht mehr."

„Wie kommt es, daß das Theater heute so leer ist?" fragte Clarisse mit einem Blick auf das dürftig besetzte Parterre.

„Daran, verehrte Miß Graham, ist die schöne Jahreszeit vor allem Schuld, dann das alte Stück und ein Wettrennen, welches heute auf der Fair abgehalten wird. Sobald hier unser Verein Vorstellungen giebt, sollen Sie sehen, wie gedrängt voll das Haus sein wird."

Die Fortsetzung dieses Gesprächs wurde durch Bernardo's „Wer da!" unmöglich gemacht. Die Vorstellung hatte begonnen. — Waren die Her= ren, welche da am Hofe des Königs Claudius eine Rolle spielten, auch keine bedeutenden Schau= spieler, so war doch das Ensemble ein vortreff= liches; das Tempo aber, in welchem gesprochen wurde, konnte man geradezu ein hastiges nen= nen. Die Verwandlungen gingen blitzschnell vor sich und selbst der Geist zog seine dröh= nenden Worte nicht wie ein Hornsolo in die

Länge, sondern sprach fast wie ein ganz orbi-
närer Sterblicher und verschwand rasch, wie er
gekommen. Der Vorhang fiel, und Huxley
hatte kaum Zeit, die kritisirende Bemerkung den
Damen hinüber zu flüstern, daß die Garderobe
der Truppe nicht einen Schuß Pulver tauge,
und nur Laërtes diese Lumpen mit Geschmack
ausgewählt·und mit Anstand getragen habe, als
der Vorhang zum zweiten Male aufrollte. Der
zweite Akt wurde ebenso schnell gespielt, als der
erste, und Hamlets Organ, welches ein sehr
mächtiges war, klang hohl, spröde und doch so
grollend, wie ferner Donner. Auch überkam
die Zuschauer beim Anblick der rasch wechselnden
Scenen und dem aufgeregten excentrischen Spiel
Hamlets ein Gefühl, als lagere über den blauen
Soffiten der Bühne ein schwarzes Gewitter,
das jeden Augenblick loszubrechen drohe; weshalb die Schauspieler in eiliger Hast zum Ende
drängten, damit sie vor Ausbruch desselben in
Sicherheit kämen. Nur Linton, welcher jetzt
als erster Schauspieler auftrat, ließ seine Blicke
zum ersten Male auf Clarisse fallen, und als
er eben die Rede Hamlets fortführen sollte

schwankte seine Stimme einen Augenblick und die ersten Worte seiner längern Rede kamen unverständlich über seine Lippen, dann aber schien er sich zu sammeln und als der Schwung der Verse, welche der große Shakespeare dem ersten Schauspieler in den Mund legt, den Sprecher fortriß, kam auch die Begeisterung über ihn, und gewaltig wie die Sprache, wurde auch sein Vortrag, so daß bei den Worten:

"Brecht alle Speichen, Felgen ihres Rades,
"Die runde Nabe rollt vom Himmelsberg
"Hinunter bis zur Hölle."

ein fast einstimmiger Beifall durch das Haus rauschte.

"Linton scheint mir von all' den Komödianten noch der beste zu sein," flüsterte Huxley und blickte durch den Operngucker auf den jungen Mimen.

Huxley's Worte schienen Clarisse unangenehm berührt zu haben, denn sie bedeckte ihre schönen Augen mit der Hand und lehnte sich in die dunkle Ecke der Loge, bis der Vorhang fiel.

"Sein oder nicht sein," sprach Hamlet und der Monolog folgte, nicht im Tone eines grü=

15*

belnden Denkers, sondern drohend, grollend und
haftig. Hamlet glich einem verfolgten Löwen,
der, mit der Wunde im Herzen, den Augen=
blick herannahen fühlt, wo eine blutige Meute
über ihn herstürzt. Der Schweiß tropfte strom=
weise über des armen Mannes todtenblasses Ge=
ficht, und fein Odem fuhr keuchend und gepreßt
aus dem Munde, als er die Worte: „Still!
— die reizende Ophelia,“ mehr schrie, als zu
sich selbst sprach).

Ophelia war ein blasses schmächtiges Mäd=
chen mit zarter, weichklingender Stimme, die
aber faft erstickte, als sie mit Thränen in den
Augen frug: „Mein Prinz, wie geht es Euch
seit so viel Tagen?“ — Immer heftiger und
athemloser wurden die Reden Hamlets, und als
er die Frage zu stellen hatte: „Wo ist Euer
Vater?“ schrie er mit verwirrten Blicken: „Wo
ift Deine Mutter!?“ Ophelia antwortete mit
einer Fluth von Thränen und sank an Hamlets
Hals, der jetzt mit überströmenden Augen und
schluchzend, wie sein Kind, auf offener Scene
ausrief: „Laufe an's Bett Deiner armen Mutter,

Kind — sie stirbt! Küsse sie noch einmal! O Gott, barmherziger Gott, sie stirbt!"

Es folgte ein Schrei und Hamlet brach zusammen.

Der Vorhang fiel und athemlos vor Staunen und Schreck blickten sich die Zuschauer an.

Clarisse faßte krampfhaft Rosa's Arm und sagte: „Laß uns gehen, Rosa." Schon hatten sich die beiden Mädchen erhoben, als ein Schauspieler vortrat und dem Publikum anzeigte, daß Herr Macgregor, dessen Gattin im Sterben liege, unfähig sei, weiter zu spielen, und daß der Kassirer bereits den Auftrag habe, den freundlichen Besuchern ihr Entrée zurückzugeben. Alle Anwesenden drängten sich dem Ausgange zu, keiner aber nahm das gebotene Eintrittsgeld zurück.

Als Rosa und Clarisse unter die Gasflammen der Ausgangsthüre traten, hielt Matthes bereits mit dem Wagen vor der Treppe.

„Der Herr Doktor läßt Sie bitten, einige Minuten an der Ecke von Broadstreet zu warten, da er gern mit Ihnen nach Hause führe," sagte Matthes, als Rosa im Wagen an der Seite

Clarissens Platz genommen und die Zügel er=
griffen hatte.

„Sehr wohl, Matthes. Gute Nacht." My=
lady griff leicht aus und erreichte einige Minuten
später die bezeichnete Ecke, von welcher aus
man gerade das Schild des Hotels zum fetten
Mann erblickte. Kaum fünf Minuten wartete
Rosa auf ihren Papa, als derselbe die Treppe
des Hotels herabkam.

„Wo warst Du, Papa?" rief Rosa, als
jener rasch dem Wagen entgegenschritt und dann
zwischen den Mädchen Platz nahm.

„Bei der kranken Schauspielerin Macgregor,"
entgegnete Brandes und zündete eine frische
Cigarre an.

„Befindet sie sich besser?" frug Rosa weiter.

„Ihr ist wohler, als uns Allen — sie ist
todt."

„Entsetzlich!" stieß Clarisse hervor, welche
durch die kaltblütige Antwort des Doktors heftig
erschreckt wurde.

„Du lieber Gott, der arme Mann mußte
mit seiner Tochter Komödie spielen, während

die Frau mit dem Tode rang —" seufzte Rosa.
„Das ist ja ein elender Beruf!"

„Sagen wir lieber, ein elendes Handwerk,"
meinte Brandes und nahm seiner Tochter die
Zügel ab. „Vorwärts, Mylady!" Die weiße
Stute ließ sich diese Ermunterung nicht zwei=
mal geben: wie der Blitz zog sie an, und bald
rollte das Buggy mit rasender Eile durch die
breite dunkle Allee.

Clarisse schaute nachdenklich in das Dunkel,
woselbst zu ihren Füßen die Brandung des
See's rauschte. Nach einer Weile erst hob sich
ihre volle Brust, und mit einem Seufzer ver=
banden sich die Worte: „Ja wohl, ein elendes
Handwerk!"

2. Fortunio's Lied.

Es ist eine alte Thatsache, daß Gasthaus=
schilder selten das halten, was sie versprechen.
So findet man im goldenen Engel gewöhnlich
eine Xanthippe von Wirthin oder einen brutalen
Hausknecht, in der süßen Traube sauren Wein
und im fetten Mann magere Gäste. Der
Wirth zum fetten Mann in E . . . strafte

ebenfalls sein Schild Lügen, denn er selbst war ein hagerer Yankee, dessen ausgedörrte Figur den eintretenden Gästen eben nicht 'als Empfehlungs= brief für die Table d'hôte des Hauses dienen konnte.

„Bitte, trinken Sie noch einen Gin, Sheriff," sagte der Hotelier zu einem dicken und recht freundlich aussehenden Manne — „und dann lassen Sie uns das Geschäft mit dem Komö= bianten Macgregor zu Ende bringen. Der Lump hat seine Schauspieler alle bezahlt und nun erklärt er, mich armen schwergestraften Mann nur theilweise befriedigen zu können. Er will den Staat verlassen; verlassen mit dem Versprechen, mich von Montreal aus zu be= zahlen. Lächerlich! Solche Versprechungen kennen wir."

„Der arme Teufel hat gestern seine Frau begraben, da sollten Sie doch ein wenig Rück= sicht nehmen," wendete der Sheriff ein.

„So! und ich, der ich mit der kranken Frau all' den Aerger und die Mühe hatte, soll mein Geld verlieren? — Trinken Sie Ihren Gin, Sheriff, damit er Ihr Herz stärke. Den War=

rant haben wir, und wenn ich mein Geld nicht bekomme, pfänden wir den Plunder von Garde= robe. Kommen Sie!" Der gierige Hotelier zog den mit Widerstreben folgenden Sheriff in ein Zimmer der zweiten Etage, wo Macgregor und seine Tochter eben mit dem Packen der Koffer beschäftigt waren.

Der Hotelier präsentirte die Rechnung, und als Macgregor bekannte, daß er die auf 43 Dollars lautende Summe nur theilweise tilgen könne, befahl der erzürnte Wirth dem Sheriff, sofort auf die Koffer Beschlag zu legen. Der Letztere bat mit milder Stimme die in Thränen ausbrechende Miß Macgregor die Koffer zu ver= schließen, als plötzlich ein lauter Ruf auf dem Gange erschallte.

„Welche Nummer bewohnt der Schauspiel= director Macgregor?" frug eine Stimme und ein Kellner antwortete: „Nr. 27." Es erfolgte ein Klopfen an der Thüre. „Herein!" rief Macgregor. Ein Briefträger öffnete, warf einen Brief auf den Tisch und verschwand wieder.

Macgregor öffnete langsam das Couvert,

ohne deſſen Aufſchrift zu leſen, und aus dem=
ſelben fielen eine Fünfhundertdollarsnote ſammt
einem kleinen Zettel auf den Tiſch. Mac=
gregor taumelte faſt zurück beim Anblick des
Geldes. Mit zitternden Händen ergriff er das
Couvert und las die Adreſſe. Dieſelbe war
richtig.

„Lies den Zettel, Julie,“ bat er ſeine Toch=
ter, „mir flimmert es vor den Augen; ich
glaube, ich habe in den letzten Tagen zu viel
geweint.“

Das Mädchen las mit zitternder Stimme:

„Mein Freund!

„Empfangen Sie die beiliegende Note,
nicht als ein Geſchenk, ſondern als geringes
Zeichen der Dankbarkeit für einen weſent=
lichen Dienſt, welchen Sie einſt einem Ihrer
Schüler geleiſtet haben. Forſchen Sie —
ich bitte dringend — nie nach dem Geber
der kleinen Summe, welcher ſtets Ihr Schuld=
ner bleibt und Ihnen Troſt für die Gegen=
wart und eine heitere Zukunft wünſcht.

Ihr X.“

Der Lesung dieser Zeilen folgte eine Pause allgemeiner Erstarrung, und der Hotelier zog sein Gesicht in so demüthige, klägliche Falten, wie ein Schulknabe, der weiß, daß er Schläge verdient hat. Nach einer Weile stammelte er einige Worte der Entschuldigung, die Mac= gregor dadurch unterbrach, daß er ihm die Note hinschob mit der Bemerkung: „Machen Sie sich bezahlt und bringen Sie mir den Rest." Hotelier und Sheriff verschwanden hinter der Thür, und Macgregor sank in den Stuhl; seine Tochter flog an seinen Hals und Beide weinten bitter= lich. Es waren Thränen des Dankes für jenen unbekannten Geber, der sie aus dieser drücken= den Lage befreit hatte. Als Beide wieder ruhig wurden, sagte der Vater: „Kind, wer kann diese Zeilen geschrieben haben?" Er prüfte die Schrift genau, wobei er mehrere Male mit der Hand über die Augen fuhr. „Die Schrift ist eine verstellte," meinte er nach einer Weile.

„Und ich kenne sie doch," sagte die Tochter. „Es ist Linton's Hand."

„Du träumst wohl, Julie," rief Macgregor. „Glaubst Du, Linton sei ein Hexenmeister oder

Falschmünzer, der nur so mit den Fünfhundert=
dollarsnoten um sich wirft? Wenn er das
wäre, spielte er keine Komödie."

„Sei dem, wie ihm wolle, Vater," entgegnete
Julie hartnäckig; „Linton ist nicht das, was er
scheint . . . ."

In der großen, elegant eingerichteten Re=
stauration des Bahnhofes von E . . . waren
die Histrionen der aufgelösten Macgregor'schen
Gesellschaft versammelt und warteten auf den
aus dem Westen kommenden Zug, der sie nach
verschiedenen großen Städten des Ostens bringen
sollte. Auch hier, wie im fetten Mann, drehte
sich das Gespräch um Lawrence Linton.

In der ganzen civilisirten Welt herrscht fast
in allen Schichten der Gesellschaft die löbliche
Sitte, daß unsere abwesenden Collegen und
Freunde die Kosten der Unterhaltung tragen
müssen. „Wozu haben wir unsere Freunde,
wenn wir uns nicht einmal über sie lustig machen
dürfen?" sagt Heine.

Diesem löblichen Prinzip zu Folge wurde
auch der abwesende Lawrence Linton von den
Fangzähnen der Médisance zerrissen und fünf

Minuten vor Ankunft des Zuges hatte ihn zu=
fälligerweise gerade die Soubrette zwischen ihren
falschen Zähnen.

„Wovon will der Mensch denn leben, wenn
er hier in diesem Neste zurückbleibt?" eiferte
die gute Collegin. „Ein Mensch in seinem
Alter — ich schätze Linton wohl mit Recht für
einen angehenden Dreißiger — sollte doch end=
lich einmal versuchen, an ein gutes Theater zu
kommen."

„Linton ist 28 Jahre alt," warf die komische
Alte ein.

„Haben Sie seinen Taufschein gesehen?"
spöttelte die Soubrette.

„Er hat ihn verloren. Ein Schicksal, welches
er mit Ihnen theilt, Miß," donnerte der Helden=
vater der Soubrette in's Ohr, mit eben der
Grabesstimme, mit welcher er sonst Geister be=
schwor. Die Soubrette schwieg indignirt. Es
gab gewisse Punkte in ihrem Leben, welche man
nie berühren durfte, und der Taufschein bildete
ihre Achillesferse.

„Mir war es stets ein Räthsel," piepte der
jugendliche Liebhaber, „wo Linton das Geld

her nimmt, um so zu leben, wie er es bisweilen zu thun pflegt."

„Wo er es her nimmt? — Das war mir auch stets ein Räthsel," entgegnete die komische Alte mit scharfem Tone — „wo er es aber hinbringt — nie. Ich kenne verschiedene Herren welche ihn stark angepumpt haben und ihm, dann hinter seinem Rücken Schlechtes nach= sagten."

Der jugendliche Schwärmer blickte mit un= verhohlener Wuth auf die sarkastische Alte, welche heute fest entschlossen zu sein schien, Nichts auf ihren Liebling kommen zu lassen. „Sie machen für Linton den Advokaten, weil er Ihnen zuweilen mit einigen lumpigen Sove= reigns unter die Arme griff," sagte er nach einer Pause.

„Das ist wahr!" rief die Alte mit Emphase, „und ich bin stolz darauf. Ich bekenne gern, daß Linton mir und meinem kranken Manne große Wohlthaten erwiesen hat und wünsche Nichts, als daß ich sie ihm nur halb vergelten könnte." —

„Warum bleibt denn Linton in E . . .?"

frug. die Soubrette, auf den alten Gegenstand zurückkommend, „und wovon gedenkt er zu leben?"

„Das ist jedenfalls seine Sache," erwiderte die Alte.

„Ich denke, das ist nicht schwer zu errathen," schnarrte der Vertreter für alte Gecken und humoristische Charakterrollen, „er wird das thun, was er bis jetzt immer that, und noble Damen= bekanntschaften suchen, die er dann ausbeutet."

„Das lügen Sie!" schrie die Alte wüthend.

„Wollen Sie mir die Sache anders er= klären?" sagte der zahnlose Geck mit satanischem Lächeln. „Glauben Sie, daß ein hübscher Bursche wie er, der schöne Pferde reitet und seinen Freunden zuweilen Soupers giebt, welche den Werth seiner Monatsgage weit überschreiten, von der Luft lebt?"

„Linton schreibt für englische Monatshefte," sagte die Alte trotzig.

„Dabei kann er allerdings fett werden," hohnlachte die durch die Alliance mit dem Gecken kühn gewordene Soubrette. „Als ich meine Memoiren herausgab in Gemeinschaft mit meinem

Bräutigam, dem Journalisten Lubback" — bei
dieser Stelle nießten einige aus der Gesell=
schaft — „nahmen wir mit Ach und Weh
92 Dollars ein. Nun, und Sie werden mir
doch zugeben, daß Linton lange den Ruf nicht
hat —"

„Als zum Beispiel Sie. — Davor möge
ihn Gott bewahren, donnerte der Heldenvater
dazwischen, und die ganze Gesellschaft kicherte,
bis Macgregor mit seiner Tochter an der Seite
vom Gepäckbureau kommend, seine Schritte durch
den Saal nahm. Alle Mitglieder umringten
ihn. Jeder reichte dem hartgeprüften Manne
die Hand und die erregte Soubrette machte eben
Anstalten, um mit Eclat in Ohnmacht zu fallen,
als die Thüren geöffnet wurden und der Portier
die Passagiere in die Waggons rief. Der Zug
hielt und die Gesellschaft stieg ein.

„Siehst Du, Papa, Linton kommt nicht,
uns Lebewohl zu sagen. Ich bleibe dabei, er
ist der anonyme Geber." Kaum hatte Julie
Macgregor diese Worte gesprochen, als aus dem
nächsten Wagen, in welchem die Gesellschaft
saß, ein durchdringendes Geschrei ertönte: „Lin=

ton, Freund, College, Enfant cheri", wurde
aus dem Gewirr der Stimmen verlautbar.
Julie Macgregor sah zum Fenster hinaus und
erblickte die weinende Soubrette, welche Linton's
Kopf umschlungen hielt und ihn beschwor, mit
ihr nach Newyork zu gehen. Einige Sekunden
später stand der junge Mann Hand in Hand
mit Macgregor und seiner Tochter vor dem
Wagenfenster. Schon wollte der Erstere danken,
als Linton ihm zurief: „Still! dort kommt
Doctor Brandes, der so aufopfernd die Rettung
Ihrer Gattin versuchte."

„Sie gehen, wie ich höre, nach Kanada
zurück," rief Brandes, als er Macgregors und
Linton begrüßt hatte, „und ich komme, um
Ihnen Lebewohl zu sagen, Director."

„Bei all' den Unglücksfällen, welche uns
hier betroffen haben," sagte Macgregor mit
Thränen in den Augen, wird mir E . . . doch
unvergeßlich bleiben, denn ich habe zwei edle
Menschen gefunden, deren Andenken nie in
meinem Herzen erlöschen wird: Sie, Herr Doctor,
haben" —

„Achtung! der Zug geht ab," tönte die Stimme des Conducteurs.

Die Scheidenden drückten den Zurückbleibenben die Hände, und der Zug rollte fort. —

„Sie gedenken noch einige Zeit in E . . . zu bleiben?" fragte Brandes, als er mit Linton den Bahnhof verließ.

„So ist es, Sir," entgegnete der junge Mann.

„Ich fragte darum, weil mir meine Tochter Rosa, welche Ihnen in der Musikalienhandlung von Samuelson begegnet sein will, mittheilte, daß Sie die Absicht hätten, einige Concerte zu veranstalten."

„Ich hatte allerdings die Absicht."

„So habe ich Ihnen, im Namen meiner Tochter, eine Bitte vorzutragen," begann nun der Doctor in scherzhaftem Tone. „Dieselbe ist nämlich Mitglied eines Vereins, welcher nächste Woche eine Dilettantenvorstellung zum Besten einer Freischule geben will. Außer einem Schauspiele, welches weiter keine Schwierigkeiten bietet, handelt es sich um die Einstubirung einer kleinen Operette — Fortunio's Lied. Da Sie nun zufällig hier bleiben und, wie mir Rosa versichert, ein tüchtiger Musiker sind, so würden Sie den Verein zu großem Danke verpflichten, wollten Sie den stimmbegabten jungen Damen ihre Parthieen einstudiren. Ich weiß wohl, daß das gerade kein Vergnügen ist; allein außer dem Honorar, welches Sie selbst bestimmen können, würde ich Ihnen die Garantie geben, daß Ihre Concerte dann einen höheren Erfolg hätten."

Dieser Vorschlag schien dem Begleiter des Doctors sehr einzuleuchten. „Ich kann erst nach Ablauf der nächsten zwei Wochen mein erstes Concert zu Stande bringen, da ich mir die Mithülfe einiger Dilettanten des Städtchens sichern muß. Nun bin ich während dieser Zeit ohne Beschäftigung, und somit würde ich meine geringen Ersparnisse bald aufgezehrt haben, deshalb kommt mir Ihr Vorschlag sehr gelegen," bemerkte er.

„Also abgemacht!" sagte der Doctor. „Morgen Abend findet in Stokes=Hall eine Versammlung statt, in welcher die Rollen vertheilt werden. Besuchen Sie mich vorher in meiner Office; wir speisen dann zusammen, und ich stelle Sie später

der Gesellschaft als neuengagirten Kapellmeister
vor." Beim Courthouse trennten sich die beiden
Männer.

Am nächsten Abend ging es in den Räumen
von Stokes-Hall sehr lebhaft zu. Die Mit=
glieder der Gesellschaft Thalia verauctionirten
die Rollen der aufzuführenden Stücke, und dies
Verfahren, welches in Amerika an sehr vielen
Orten eingeführt ist, dürfte unsern deutschen
Vereinstheatern entschieden zur Nachahmung an=
empfohlen werden. Es ist nicht mehr als
billig, daß die jungen Herren und Damen,
welche sich das Vergnügen machen, einige
Stunden lang ein nachsichtiges Publikum mit
Ausübung einer Kunst zu maltraitiren, von
welcher sie so viel verstehen, als ein Bär vom
Ballet, für dies Vergnügen eine kleine Ent=
schädigung oder Steuer entrichten. Da nun
gute Rollen stets von allen Dilettanten zugleich
heftig begehrt werden, weil jeder der Befähigte
dafür zu sein glaubt, so soll der, welcher die
gute Rolle verarbeiten will, auch seiner Kunst=
begeisterung ein Opfer bringen. Verfasser dieses
wohnte einer Auction bei, in welcher ein junger

Elegant die Rolle des Romeo für 120 Dollars
erstand. Da ihm jedoch augenblicklich das Geld
zur Bezahlung fehlte, ritt er mit seinem Pferde,
einem vortrefflichen Racehorse, auf die Renn=
bahn und engagirte eine Wette auf sogenanntes
Kirchthurmrennen im Betrage von 300 Dollars.
Beim Passiren eines abschüssigen Hohlweges
strauchelte das Pferd und rollte mitsammt dem
Reiter in einen Bach. Das Pferd war unver=
sehrt, der junge Held aber trug einige Con=
tusionen davon. Die Wette selbst ging ver=
loren. Im Aerger über diese Einbuße verkaufte
der junge Elegant das Pferd, welches unter
Brüdern 800 Dollars werth war, für 500,
zahlte Rolle und Wette, für den Rest aber ließ
er sich zwei Anzüge zum Romeo machen. Das
heißt Kunstenthusiasmus!

Die Versteigerung in Stokes=Hall war eine
sehr tumultuarische. Da nur die zum darstellen=
den Personal gehörigen activen Mitglieder des
Vereins zugelassen wurden, so fühlte sich die
aus den jüngsten und lustigsten Elementen zu=
sammengesetzte Gesellschaft bald sans gêne und
ließ dem Schmerz und der fröhlichsten Laune

die Zügel schießen. Die Parthieen von Rich and poor brachten nur geringe Summen ein. Die Mathilde kostete einer jungen Bankiersfrau Namens Adelaide Meyer, geborenen Kullmann, die geringe Summe von 25 Dollars, und Berthold Arnau wurde von Herrn Huxley, dem jungen Apotheker, zu demselben Preise erstan= den. Die übrigen Rollen trugen entsprechende Summen ein.

Bevor die Auction von Fortunio's Lied be= gann, trat Herr Brandes mit dem neuengagirten Kapellmeister in den Saal und bat seine Toch= ter, den jungen Herrn mit den Mitgliedern des Vereins bekannt zu machen. Als Rosa sich dieser Pflicht entledigt hatte, verließ ihr Papa die Sitzung. Rosa trat, mit einem Binocle auf der Nase und einem kleinen Stock in der Hand, auf die Bühne und bot die einzelnen Rollen zum Verkaufe aus. Ihre drollige Erscheinung rief einen Sturm von Lachen hervor und selbst das ernste Gesicht Linton's verlor den Schatten von Melancholie, der sonst fast stets über dem= selben ausgebreitet lag; er setzte sich lächelnd an's Klavier und schaute dem weiteren Verlauf der komischen Scene zu. Madame Meyer, welche bereits die Mathilde in der Tasche hatte, schien von Allem haben zu wollen, denn sie erstand für 42 Dollars die Rolle der Marie (Fortunio's Frau).

„Herr Kapellmeister!" rief Rosa von der Bühne herab, „haben Sie die Güte, nach einem Probesingen der geehrten Frau Meyer Ihre Meinung abzugeben, ob dieselbe auch die Befähigung hat, die eben losgeschlagene Parthie übernehmen zu können." Als Frau Meyer durch den Vortrag eines kleinen Liedes bewiesen hatte, daß sie im Besitze einer klangvollen, etwas dunkel gefärbten Altstimme sei, ging die Versteigerung weiter.

„Paul Triquet!" rief Rosa. „Ich biete 40 Dollars; wer bietet mehr? Da sich sonst Niemand höher verstieg, wanderte die Rolle in Rosa's Mappe.

„Leute, welche mich singen hörten," fuhr Rosa fort, „behaupteten, es sei nervenerschütternd; allein ich hoffe, Herr Kapellmeister, daß Sie bei Ihrer ergebenen Dienerin ein Auge zudrücken, wenn ich bemerke, daß ich vortrefflich

Tact halte und viel Fleiß und guten Willen zeige."

„Und komisches Talent," fügte Linton hinzu, „davon haben Sie mir eben eine Probe gegeben. Behalten Sie den lustigen kleinen Schreiber, Sie passen vortrefflich für die Rolle."

„Ich danke Ihnen, Sir!" rief Rosa fröhlich. „Sie sollen eine eifrige Schülerin in mir finden. — Die Rolle des Valentin! — Im Namen einer Freundin, welche diesen Verein als Gast besucht, biete ich 50 Dollars. Bietet Jemand mehr?"

Die Blicke der Gesellschaft fielen fast a tempo auf Clarisse, und da jede junge Dame fühlen mochte, daß es unpassend sei, einem Gaste vorzugreifen, so wurde um diesen Preis, welcher mehr ein Geschenk als ein Gebot bedeutete, die Parthie weggeben.

Clarisse trat an's Klavier.

„Was wünschen Sie zu singen, Miß?" frug Linton mit leicht vibrirender Stimme.

„Einige Tacte aus der Operette selbst," erwiderte Clarisse:

„Was ich so tief und heimlich trage
Im Herzensgrund —"

Linton begleitete das melodiöse Liedchen und als Clariſſe geendet, ſagte er: „Vortrefflich! Ihre Stimme läßt kaum etwas zu wünſchen übrig, Miß Graham; ich hoffe, Sie werden ein recht guter Valentin ſein."

Als die übrigen Parthieen auch ihre Abnehmer gefunden hatten, wurde die Verſammlung geſchloſſen und lachend und ſcherzend zerſtreuten ſich die Dilettanten.

Lawrence Linton hatte nicht allein die Einſtudirung der Operette, ſondern auch die Inſcenirung des Schauſpiels übernommen. Konnte er Herrn Huxley das Anſtoßen mit der Zunge nicht abgewöhnen und war das tragiſche R der Madame Meyer unverbeſſerlich, ſo gelang es ihm doch nach Abhaltung einiger Proben, den kunſtbegeiſterten Dilettanten eine vernünftige Sprechweiſe beizubringen und das iſt ja im Schauſpiele ſo ziemlich Alles, was man billigerweiſe von denſelben erwarten kann. Beſſer erging es ihm mit der Operette. Hier ſtanden ihm Stimmen zur Verfügung, welche manchem kleinen Theater zur Ehre gereicht hätten. Freilich galt es auch hier, manche Unarten zu be-

kämpfen und einzelne Scenen wieder und wieder
zu probiren, bis sie gut gingen. Rosa, welche
mit ihrem kecken Humor und ihrer tollen Laune
manches verdarb, mußte zu wiederholten Malen
in die Schranken gewiesen werden, welche das
Ensemble verlangt, und Madame Meyer konnte
er nicht oft genug ermahnen, weniger mit den
Armen in der Luft herum zu agiren. Endlich
fand am Tage vor der Aufführung eine Generalprobe statt, und zu seiner und der Mitglieder Freude gingen beide Stücke vortrefflich. — Clarisse hatte von allen Mitwirkenden
ihrem Regisseur die wenigste Mühe verursacht.
Bei der ersten Stückprobe schon wußte sie Text
und Musik vollständig auswendig, und da sie
die Lehren, welche Linton den übrigen Damen
gab, wohl beherzigte und ihr eine natürliche
Grazie zur Seite stand, die wohl theilweise in
der Vollendung ihrer Formen basirte, so hatte
Linton keine Gelegenheit, ihr mehr zu sagen,
als was das Arrangement der Scenen erfor-
derte. Clarisse beobachtete anfangs eine gewisse Zurückhaltung Linton gegenüber, welche
dieser jedoch kaum zu bemerken schien. Er be-

nahm sich gegen alle Mitglieder des Vereins gleich liebenswürdig und mit gleicher Strenge. Es lag in seinen Worten stets ein so ruhiger klarer Ernst, und doch war sein ganzes Wesen so bescheiden und mild, daß Rosa beim Schluß der Generalprobe zu Clarisse sagte: „Dieser Linton ist ein so liebenswürdiger Mensch, daß ich wünschte, er wäre von Jugend auf mein Lehrer gewesen; ich glaube, ich wäre dann um Vieles besser geworden, als ich jetzt bin. — Nie habe ich Jemandem lieber gehorcht, als ihm."

„Das macht, er ist ein Mann!" entgegnete Clarisse gedankenvoll.

„Ach was, ein Mann!" eiferte Rosa. „Mein Papa ist auch ein Mann und meine Lehrer im College waren auch Männer, und doch habe ich vor Niemandem einen solchen Respect, als vor diesem Linton. Wie schade, daß der arme Mensch ein Komödiant ist und solch' ein er= bärmliches Vagabundendasein führen muß!"

Chamfort, jener geistvolle Dichter und Philo= soph, welcher in der großen Revolution ein so tragisches Ende nahm, behauptete, daß die Frauen bei der Wahl des Geliebten nach dem Urtheil

ihrer Freundinnen mehr fragen, als nach ihrem
eigenen. — War nun Clarisse auch ein zu be=
deutsamer Charakter, als daß diese Regel auf
sie volle Anwendung gefunden hätte, so vollzog
sich doch in ihrer Seele eine Umwandlung, bei
welcher die Hochachtung des Doctors gegen
Linton, die Lobsprüche ihrer Freundinnen über
diesen Mann nicht ohne Einfluß blieben. Bei
ihrer ersten Begegnung mit Linton wurde ihr
Herz unter dem Eindruck der bezaubernden
Musik, welche unter seinen braunen Händen
hervorquoll, magnetisch zu ihm hingezogen, allein
da sie seinen Stand erfuhr, bäumte sich ihr
Stolz auf; sie erschrak vor den ersten Regungen,
welche wie die goldenen Streiflichter der Morgen=
röthe in ihre Seele fielen. Mit dem festen
Willen, diese Liebe, welche sie kaum zu ahnen
angefangen, im Keime zu ersticken, wandte sie
sich rauh von dem Komödianten ab; allein sie
war thöricht genug, auf ihre Seelenstärke zu
pochen und begab sich dicht in die Nähe der ge=
gefährlichen Flamme. — Das Vorurtheil stirbt,
sobald die Geister sich begegnen! Clarisse empfand
Linton's Ueberlegenheit und konnte ein Gefühl

der Bewunderung nicht ertödten; sie hörte die
schmeichelnden Lobsprüche ihrer Umgebung, und
diese Eindrücke erfaßten ihr Herz — ehe sie
noch zum vollen Bewußtsein kam, stand dasselbe
in Flammen.

Wer die leeren kahlen Räume von Stokes-
Hall bei der Hamlet-Aufführung des unglück-
lichen Macgregor sah, der würde mit Recht ge-
staunt haben, welche Veränderung mit denselben
bei Gelegenheit der Benefiz-Vorstellung des
Thaliavereins stattfand. Das Haus war, von
der glänzend erleuchteten Freitreppe bis hinauf
zum mächtigen Kronleuchter, mit Kränzen, Guir-
landen und hohen Oleanderbüschen, mit Epheu-
ranken und Blumenzierrath geschmückt; reiche
Draperieen bekleideten die Pfeiler und Logen-
einfassungen, so daß das Haus mehr einer
blühenden Orangerie, als einem Theater glich. —
Wagen auf Wagen rollte vor, und aus denselben flogen Wolken von gold- und silberdurch-
wirkten Gazeroben. — War das ein buntes
Wogen auf der breiten Treppe! — Da rauschten lange Atlasschleppen neben den leichten,
duftigen Tüllroben und bunte Opernmäntel be-

deckten nur halb die marmorweißen stolzen
Schultern, welche im Saale unverhüllt glänzen
sollten. Wie ein Ertrinkender auf hoher See,
zeigte sich hier und da ein schwarzer Frack auf
der Oberfläche der aufbauschenden Gewänder
und verschwand im Gedränge der wehenden
Fächer und blonden Chignons so haftig, wie er
gekommen. Voller und immer voller wurden
Logen, Parterre und Galerieen, bis zuletzt das
ganze Haus gefüllt war.

Lawrence Linton trat in's Orchester und
verbeugte sich kurz aber artig gegen das Audi=
torium. Er trug wie üblich Frack und weiße
Halsbinde, und doch unterschied er sich wesent=
lich von den Dirigenten der Gesangvereine oder
einer Theaterkapelle. Es lag etwas so Edles
in seiner Erscheinung, und seine Manieren
waren so leicht und elegant, daß ein lautes Ge=
murmel durch die Reihen der Zuschauer flog,
als er vor dem Pulte Platz nahm: „Welch ein
schöner Mann," flüsterten die Damen. — „Ein
recht nobel aussehender Dirigent," bemerkten die
Herren.

Die Ouvertüre zu den lustigen Weibern von

Windsor rauschte durch's Haus und wurde
ziemlich präcis gespielt und mit Applaus auf=
genommen. Die Klingel tönte und Mathilde
und Arnau standen am Tisch und betrachteten
die Skizze des letzteren. Eine weitere Be=
schreibung dieser Aufführung erlasse ich mir, es
genüge dem freundlichen Leser die Mittheilung,
daß dieselbe das Niveau solcher Dilettanten=
productionen nicht überschritt. Nur von Madame
Meyer ist zu berichten, daß sie mehr als nöthig
das Kostüme wechselte und daß die so wenig
prunkliebende Mathilde einen Reichthum in
Garderobe und Brillanten zur Schau stellte,
daß sie jedes deutsche Stadttheater schon der
Moiréeroben wegen engagirt haben würde. Trotz=
dem erhielt Adelaide Ristori in den Tagen ihrer
höchsten Blüthe nicht mehr Ovationen, als
Madame Adelaide Meyer geborene Kullmann.
In einer der Logen, zunächst der Bühne, saß
die stolze glückliche Mutter der jungen Adelaide
und hinter ihr sämmtliche Verwandte und
Freunde der Häuser Meyer und Kullmann,
welche durch ihre Leistungsfähigkeit im Klatschen
die Führer der besten Claquen Europas be=

schämten. Es gab in dieser Loge schon im ersten Acte mehr geplatzte Handschuhe als Backenbärte und Doctor Brandes, welcher in der nächsten Loge, und zwar ganz in der Nähe der glücklichen Mutter saß, blickte mit Neid auf die stiller gelegenen Plätze im Parterre.

Giebt es ein Gefühl, welches erhabener und großartiger wäre, als der Stolz, den eine Mutter empfindet, wenn ihre Tochter applaudirt wird? Und vollends die Mutter einer Dilettantin. Wir kennen Primadonnenmütter; meist fette, in schwarzen, etwas abgeschabten und gefleckten Atlas gekleidete Figuren, welche mit eingekniffenen Daumen und lautpochendem Herzen hinter der Coulisse stehen und mit stierem Auge dem Spiele des Töchterchens folgen, wenn es die wahnsinnig gewordene Lucia darzustellen hat. Bei jedem scharfen oder gewagten Tone bebt ihr fetter Leib — jetzt kommt die Applausstelle, und beim ersten Triller erhebt sich die Mutter auf den Zehen und kneift die Daumen ein, daß sie knacken. — Jetzt — horch! ein klatschendes Händepaar wird laut. — Jetzt mehrere — „Verbeuge Dich, Kind!" schreit die vor

Aufregung zitternde Primadonnenmutter. —
„Verbeuge Dich doch tiefer! — noch 'nen Knix!"
und die wahnsinnige Lucia verbeugt sich, knixt
und lächelt triumphirend, damit ihre Collegin
in der zweiten Rangloge sich ärgern soll. Die
Mutter hinter den Coulissen faßt den Director
am Aermel und ruft: „Haben Sie das gehört,
Herr Commissionsrath!" und dann nimmt sie
einen Shawl auseinander und hüllt die warm=
gewordene Lucia, welche die Scene verlassen
hat, gut ein, wischt ihr den Schweiß von der
Stirne und sagt: „Du warst groß, entzückend,
hinreißend, Herzchen. Im nächsten Jahre giebt's
keine Patti, keine Lucca und keine Mallinger
mehr — im nächsten Jahre sind wir's!" Solche
Mütter sind oft glücklich, aber nicht immer,
denn zuweilen bleibt der Applaus aus, oder
eine intriguante Rivalin sorgt für einige Zischer.
Anders ist es bei einer Dilettantenmutter: hier
ist dem Töchterchen der Applaus immer sicher;
wozu hätte man denn sonst seine Verwandten
und Freunde mit Freibillets· versehen? Ma=
dame Kullmann fächelte stolz ihr fettes Gesicht,
als ihr Töchterchen Adelaide zum Schluß ge=

rufen wurde, und da ihr Blick auf den Doktor an ihrer Seite fiel, frug sie: „Wie finden Sie mein Kind heute Abend, Doktor?" -

„Entzückend."

„Sie spielt à merveille," fuhr die glückliche Mutter fort. „Ihre Erziehung hat mich aber auch ein schönes Stück Geld gekostet. Ausge= bildet wurde sie im feinsten Pensionat zu Paris, und ein Talent hat sie für die Bühne, daß ich oft sage zu meinem Schwiegersohn, dem Ban= kier Maximilian Meyer: „Cher fils, es ist ein Jammer, daß Sie nicht arm sind, sonst wäre meine Tochter eine große Künstlerin geworden. Sie haben gesehen, Doctor, welchen Geschmack das Kind in seiner Toilette entfaltet. Die Dia= manten, welche sie im letzten Acte trug, sind ein Hochzeitsgeschenk ihres cher Oncle; es sind echte Brasilianer und der Juwelier in Broome Street schätzt den reellen Werth derselben auf 23,000 Dollars. — Haben Sie gesehen, welch' ein Haar das Kind hat? — Alles echt. Doktor, neulich spielte sie Marianne, ein Weib aus dem Volke; da hat sie das Haar aufgelöst, ich sage Ihnen, Doktor, das sah aus, als hätte sie einen

Mantel um die Schultern geschlagen. Geben
Sie Acht, welches Furore sie in der Operette
machen wird."

Doch hören wir weiter — die Ouverture
beginnt. Ueber der kleinen Operette waltete ein
guter Stern. — War es das ruhige Auge Linton's, welches Jedem, der seinen Muth wanken
fühlte, mit einem Blick der Ermunterung zu
Hülfe kam, war es die unverwüstliche Laune
Rosa's, welche den zaghaften Elementen Cou-
rage gab, kurz, ehe Madame Meyer, in reichem
Rococokostüme mit einer Schnur von blitzenden
Diamanten im Haar, in den Garten trat, waren
alle Darstellerinnen so dreist und ruhig, daß
selbst die zaghaftesten nicht mehr über ihre eigenen Füße stolperten. Der verwandtschaftliche
Applaus empfing die Tochter der glücklichen
Frau Kullmann in dieser neuen Rolle; allein
bald bemerkte dieselbe mit Neid, daß ihr auf
dem Felde der Operette zwei glückliche Rivalen
den Rang streitig machten. Clarisse als Valentin sah so reizend aus in dem kleidsamen
und doch so schlichten Kostüme, ihre Stimme
klang so weich und sympathisch, ihre Bewe-
17*

gungen waren so graziös und natürlich, daß
ihr wie durch Zaubergewalt alle Herzen gewon=
nen wurden. Rosa spielte die Scene, wo Friquet
Feuerlärm aufschlägt und den alten Fortunio
in die Stadt sprengt, unter lärmendem Beifall.
Zum Glanzpunkt des Abends aber gestaltete sich
das große Duett zwischen Valentin und Marie.
Die leichte Befangenheit, welche Clarisse in den
ersten Scenen nicht zu verscheuchen wußte und
bie ihr bei dem schüchternen Valentin mehr
nützte als schadete, hatte sie jetzt ganz verlassen;
süße Aufregung belebte das Herz und ihr Auge
blickte groß und ohne Scheu auf die dichtge=
drängte Menge; die Musik aber berauschte sie
und erzeugte jenen Enthusiasmus, welcher wie
ein warmer Schauer aus dem Herzen kommt,
und von der Stimme zu den Herzen der Hörer
hingetragen wird. So kam es, daß Clarissens
Gesang die Herzen des Auditoriums ergriff,
rührte und in eine schöne ideale Welt versetzte,
während die Stimme der schönen Meyer von
der Lunge kam und kalt und leblos im Ohr
verhallte. Das fühlte selbst die stolze Mutter
in der Loge, denn ihr Gesicht wurde blaß und

sie nagte mit erzwungenem Lächeln an den Blättern ihres Elfenbeinfächers. Ein donnern= des Bravorufen, welches nur dem schönen Va= lentin galt, krönte diese Musiknummer.

Am Schlusse rief eine Stentorstimme aus dem Parterre den Musikdirector hervor, und jubelnd stimmte das ganze Auditorium in diesen Ruf ein, während sich das Orchester auf einen Tusch präparirte. Der Vorhang ging uner= wartet auf, und Linton mit Clarisse an der Hand trat auf die Bühne. Clarisse streckte die Hand nach Rosa und Madame Meyer aus, damit diese ihr folgen sollten, allein Rosa hatte den Arm der Meyer erfaßt, und während sie diese zurückhielt, machte sie mit der Rechten eine neckische Bewegung und rührte sich nicht von der Stelle. So stand die Tochter des Senators ganz allein mit dem ruhigen Manne auf offe= ner Scene und um sie her jubelte eine erregte Menschenmenge, und Linton verbeugte sich so vornehm, als sei er ein Prinz, nicht aber ein Schauspieler ohne Heimath und Familie. Als der Vorhang gefallen war, sah Linton in das

Gesicht seiner Begleiterin und bemerkte, daß es sehr blaß war.

„Was fehlt Ihnen, Miß Graham?" fragte Linton besorgt.

„Ich werde nie wieder eine Bühne betreten," stammelte Clarisse. „Diese Aufregung hat etwas Sinnverwirrendes und ist gefährlich."

„Mein Benehmen hat Sie beleidigt, Miß, Sie zürnen mir?"

„Ich zürne nicht Ihnen, Sir," erwiederte Clarisse ruhiger werdend. „Ich zürne mir sel=ber. — Gute Nacht." Ohne seinen Gegengruß abzuwarten, schritt Clarisse der Garderobethüre zu, und Linton wanderte gesenkten Hauptes durch das leer werdende Parterre in's Freie.

„Wie hat Dir's gefallen, Sarah?" frug auf der Treppe ein feingekleideter Herr mit mo=saischer Nasenbildung seine deutschredende Be=gleiterin.

„Es war himmlisch, wundervoll!" erwiederte diese schwärmerisch, „besonders das Gelbseidene von die Meyern."

3. Auf dem See.

„Die schönen Herbſttage gehen zu Ende,"
ſagte Roſa an einem ſtürmiſchen Sonntag Nach=
mittag, als der Regen die Blätter der Kaſtanien
gegen die Fenſter des Parlors trieb, wo der
Doctor, Huxley und Birnbaum senior beim
Kamin ſaßen. „Clariſſe will uns Ende dieſer
Woche verlaſſen, ſomit müſſen wir am erſten
heiteren Tage, der über den See zieht, einen
Ausflug nach den Inſeln machen, denn meine
Freundin darf nicht. von hier fort, ohne Happy
Island geſehen zu haben."

„Wir beabſichtigten am Dienstag nach den
Inſeln zu fahren, um zu fiſchen," ſagte der
alte Birnbaum, „wenn es den Damen Vergnü=
gen macht, ſo ſchließen Sie ſich meinem Sohne
Michel und mir an. Sie wiſſen, unſer Segel=
boot iſt groß genug für ein Dutzend Per=
ſonen."

„Sehr wohl! Verbinden wir das Nützliche
mit dem Angenehmen. Matthes ſoll unſer Boot
und zwei Netze zu Dienstag Morgen in Stand

setzen. Vergiß das nicht, Rosa," bemerkte der Doctor.

„Werden Sie auch von der Parthie sein?" frug Rosa den jungen Pharmaceuten. Dieser erklärte, daß er in der Begleitung von Fräulein Rosa eine Fahrt nach den stygischen Gewässern nicht scheuen würde; und somit war der Fischzug bei der Inselgruppe eine beschlossene Sache.

Kurz nach Sonnenaufgang langte am bestimmten Morgen die kleine aber lustige Gesellschaft an dem Strande von Happy Island an. Es wurde unausgesetzt bis 12 Uhr Mittags gefischt, und Rosa wie Clarisse freuten sich über die eingefangenen silberweißen Schuppenthiere die im Netze so verzweifelt zappelten und nachher so lustig in der großen Bütte herumschwammen. Das Resultat des Fischzuges war denn auch ein sehr günstiges, und obgleich der alte Birnbaum brummend versicherte, daß man sicher doppelt so viele Fische gefangen hätte, wenn Rosa und Huxley das ewige Plaudern und Lachen hätten unterdrücken können, so begnügte man sich doch freudig mit der hübschen Aus=

beute und ruderte am Ufer nordwärts bis zu einer weiten schattigen Baumgruppe, durch welche ein hübscher klarer Bach rieselte. Es war das ein stiller, mit Bänken, Rasensitzen und Schaukeln ausgestatteter Hain, in welchem die Bürger von E... an schönen Sonn- und Feiertagen ihre Picknicks abhielten. Da fanden sich auch zwei mit Feldsteinen ausgemauerte Feuerstellen, auf welchen es leicht war, ein delikates Diner zu bereiten, wenn man Geschirre und Material besaß. Für Beides hatten Rosa und Matthes gesorgt. Der Letztere, welcher die kleine Gesellschaft als Diener begleitete, zündete rasch ein Feuer an, zu welchem Michel Birnbaum das Brennholz lieferte; dann wurde Wasser aufgesetzt, die Damen schürzten ihre hellen leichten Kattunkleider auf und putzten die Fische. Michel schälte Kartoffeln, und selbst Huxley, welcher sich gern nützlich machte, nahm ein Messer zur Hand und entschuppte einen fetten Cobfisch. Bald war ein reiches Mahl hergerichtet, zu welchem der alte Birnbaum durch ein Körbchen süßer Weintrauben und Dr. Brandes durch einige Flaschen Bordeaux und Rüdes-

heimer ihren Antheil beitrugen. Huxley prä=
sentirte nach Tisch den Herren einige feine
Havaunahs und den Damen eine Bonbonnière,
gefüllt mit Leckereien. Selten war wohl eine
Gesellschaft so heiter und gleichzeitig so hungrig
zu Tische gegangen, als die Fischer von Happy
Island. Selbst die blutigen Geschichten, welche
Huxley aus seiner Praxis als Chirurg auf dem
Schlachtfeld von Chatanooga zum Besten gab,
während er den Cobfish entschuppte, und von
denen Michel behauptete, daß er noch nie etwas
so Schaubererregendes gehört habe, waren unter
den Neckereien und Scherzen Rosa's schon in
Vergessenheit gerathen. Die Suppe war eben
verzehrt und ein riesiger Cobfish in Holland=
sauce schwimmend, befand sich gerade unter dem
Tranchirmesser, als ein Schuß, welcher ganz in
der Nähe abgefeuert wurde, die fröhliche Gesell=
schaft erschreckte. Mit wenig Sprüngen waren
die beiden Mädchen und Michel am Ufer und
bemerkten eine schlanke hohe Männergestalt,
welche kaum 300 Schritte vom Ufer in einem
Kahne stand, während der schwarze Kopf eines
Neufoundländers, der eine Ente zwischen den

Zähnen trug, sichtbar wurde. Der Hund schwamm dem Kahne zu und sein Herr nahm ihm die Beute ab und half ihm selbst in's Boot. „Brav, Relusco!" sagte sein Herr, „Du hast heute Dein Brod redlich verdient und sollst es auch bald haben." Der Hund wedelte, als ob er seinen Herrn verstanden hätte, mit dem nassen Schweife und dieser flüchtete, um nicht durch= näßt zu werden, an's Steuer und fuhr dem Ufer zu.

Clarisse packte plötzlich, als der Kahn dem Lande schon ganz nahe war, Rosa's Arm und flüsterte ihr in's Ohr: „Laß uns gehen, Rosa, der Mann im Boote ist Lawrence Linton."

Rosa, statt ihrer fliehenden Freundin zu folgen, blieb erstaunt stehen, und als der Fremde, welcher jetzt seinen breitrandigen Strohhut lüf= tete, die Ruder fallen ließ und Anstalten machte, an's Land zu springen, sagte sie ganz leise: „Ja, mein Gott, das ist Linton."

„Das ist ja eine allerliebste Ueberraschung," rief der neue Ankömmling, und befestigte den Kahn, während Relusco sich lustig auf dem Rasen wälzte. „Hier also finde ich meine liebe

Schülerin wieder, am Ufer der glücklichen Insel? — O welch' einen passenden Namen trägt dies stille Eiland."

„Sie finden mehr als eine blöde Dilettantin auf diesem Eiland, Herr Nimrod — Sie finden ein gutes Mittagessen und einige Herren, die erfreut sein werden, Sie zu sehen. Bitte folgen Sie uns." Rosa lief nach diesen Worten hinter ihrer Freundin her, und als Linton, welcher in Hemdsärmeln an's Land gesprungen war, schnell seinen Rock angezogen hatte, trat er, von Michel geführt, mit Nelusco an seiner Seite, zu der, auf den Rasenbänken sitzenden Ge= sellschaft.

„Seien Sie uns herzlich willkommen!" rief der Doctor und nöthigte Linton, an seiner Seite Platz zu nehmen. „Sie kommen wie gerufen. Wir sind eben beim Fisch angelangt, Sie wer= den uns, wenn Sie rasch essen, bald eingeholt haben. Matthes, schnell ein Besteck und ein Glas!"

„Darf ich Ihrer gütigen Einladung Folge leisten, so ersuche ich Sie herzlich, meine Jagd= beute als Picknickantheil zu acceptiren, ich bitte dafür um einige Ueberreste von Kartoffeln und Suppe für Nelusco, meinen Begleiter, der sich heute sehr geplagt hat." Brandes verweigerte die Annahme der Taucherenten, welche Linton von der Jagdtasche losgehakt hatte, und befahl Matthes, er möge dem schwarzen Nelusco einen derben Fraß zurecht machen. Das Mahl wurde unter Linton's Mitwirkung fortgesetzt. Bald klangen die Gläser mit dem perlenden rubin= rothen Bordeaux und nun wurde unter den rauschenden Bäumen gescherzt und gelacht. Beim Dessert wurden Anekdoten erzählt, wobei der alte Birnbaum sich als ein recht launiger und witziger alter Mann dokumentirte.

Im Laufe des Gespräches wurde auch die Frage an Linton gerichtet, welchem Lande er eigentlich entstamme, und als er England ge= nannt, sagte Dr. Brandes verwundert:

„Ich hielt Sie für einen französischen Ca= nadier. Ihre Haut ist so dunkel und Ihr Haar so schwarz, als seien Sie in der Provence auf= gewachsen."

„Meine Haut färbte sich dunkel in den in= dischen Gewässern, woselbst mein Vater Jahre

lang als Soldat stationirt war. In Canada
lebt ein Verwandter meiner Mutter, den ich
vor einigen Monaten besuchte. Doch reden wir
von etwas Anderem."

„Wenn Sie nicht gern von Ihrer Geschichte
reden, Herr Linton," sagte Rosa, „so machen
Sie uns sonst Unterhaltung, singen Sie oder
tragen Sie ein Gedicht vor, heiter oder traurig,
aber ich muß etwas hören oder selbst sprechen.
Bitte, tragen Sie etwas vor!"

„Sie setzen mich in Verlegenheit, verehrtes
Fräulein," antwortete Linton; „denn ich möchte
als Gast recht gern etwas zur Unterhaltung
beitragen, allein außer einigen Klavierpiecen
habe ich selten etwas in Gesellschaft vorgetragen.
Doch halt!" — fuhr er nach einer kurzen Pause
des Sinnens fort, „ich trage da in meinem
Notizbuche zwei Uebersetzungen aus dem Werke:
Les Châtiments von Victor Hugo bei mir: das
eine ist eine Uebertragung des größeren Ge=
dichtes „L'Expiation", das zweite „Pauline Ro=
land". Diese beiden Sachen bin ich gern be=
reit, Ihnen vorzulesen; mehr kann ich mit dem

besten Willen nicht zur Unterhaltung bei=
steuern."

— „Lesen Sie! bitte, lesen Sie!" tönte es von
allen Seiten und Linton begann mit „L'Ex=
piation".

Victor Hugo, der Franzose par excellence,
ist als Dichter ein großer Romantiker. Diese
Romantik schleppte er leider auf das politische
Gebiet hinüber, allein er bleibt immerhin ein
großer Dichter. Nur wenige verstehen es gleich
ihm, dröhnende Schlachtfelder, öde Steppen und
eisige Winternächte mit solcher Lebendigkeit vor
unser Auge zu zaubern, und wohl selten malte
eine Hand in so gigantischen Zügen die Stürme
des Meeres und der Revolution. Mit den
Worten: „Es schneite!" begann Linton seinen
Vortrag, und kaum hatte seine sonore Stimme,
scharf prononcirend die folgenden Verse gespro=
chen, so wurde die heitere Gesellschaft erregt
und die unermeßlichen Schneefelder Rußlands
traten vor ihre Seele. Sie sahen den großen
Kaiser unter den schneebedeckten Bärenmützen
dahinreiten, sie folgten ihm in's schweigende
Lager, wo seine dem Verderben geweihte Armee

hungrig und frierend in wüsten Träumen lag.
Der Kaiser blickte empor zu den ewigen Sternen
und fragte den Gott der Armeen: „Ist das die
Züchtigung für meine Schuld?" Er hört seinen
Namen rufen, und aus dem Dunkel tönt eine
Stimme: Nein! — Es war unter den halb
entlaubten Bäumen still geworden, wie in einer
Kirche und als Linton's Nein, verklungen war,
hörte man die welken Blätter zur Erde fallen.
Doch weiter riß die stummen Hörer Hugo's ge=
waltige Dichtung — nach Waterloo. Unter den
donnernden Schlachtenrufen, dröhnenden Huf=
schlägen, stirbt die alte Garde gleich einer brau=
senden Woge, die an den Felsen zerschellt und
sinkt. Wie ein Pilot, dessen Händen im Sturm
das Steuer entrissen wurde, blickt das dunkle
Auge des Korsen auf die zersetzte, taumelnde,
wild dahinstürmende Menschenwoge, und sein
Herz durchschauert die eisige Kälte des Grabes.
„Ist das diesmal die Strafe?" fragt er den
strengen Gott der Rache und durch den Donner
der Geschütze, mitten durch das Aechzen, Toben,
Schreien, tönt es wieder: Nein! — Die Felsen
von Helena ragen öd' und einsam aus dem

dunkeln Meere, neblig ist die Luft, und der
Kaiser röchelt auf dem Sterbebette; sein Herz
ist gebrochen und an der Thür lauert das
Auge Hudson Lowe's, des vortrefflichen Kerker=
meisters; wieder fragt der Sterbende das Schick=
sal: Ist das Maß noch nicht voll? und die
Stimme antwortet: „Noch nicht!" — Eines
Nachts — es ist immerhin die Nacht im Grabe
— sagt der Dichter, als er den Kaiser in seiner
Gruft erwachen läßt, damit er im Traume das
Gebahren seines Neffen Badinguet sehe. Lin=
ton's Stimme war scharf geworden und schnei=
dend, als er die Scenen in der politischen Arena
der Napoleoniden schilderte; bitterer Sarkasmus
spiegelte sich in seinen Zügen und auf den Lippen
spielte das Lächeln eines Fauns; dann aber
wurde seine Stimme wieder weicher, sein blitzen=
des Auge träumerisch und groß, als er zu der
Stelle kam, wo die marmornen Siegesgöttinnen,
die weißen Phantome vor der Gruft, sich mit
dem Finger winken und an die Mauern gelehnt,
den Titanen im Schatten der Nacht weinen
hören. Dix-huit Brumaire, schreibt die Hand

der Vergeltung als Mene=Tekel auf die Wand; die Nemesis läßt ihre Geißel fallen.

„Ich weiß kaum, was wir mehr bewundern sollen, Herr Linton," sagte Brandes, als der Vorleser geendet, „die gewaltige Schöpfung des Dichters, oder Ihren Vortrag."

„Ihre Komplimente sind zu stark gewürzt für gesunde Menschen, lieber Doktor," scherzte Linton und las das folgende Gedicht, Pauline Roland. Bei der Erzählung der Leiden dieser duldenden Republikanerin, welche auf Napo= leon's III. Geheiß Vaterland und Familie ver= lassen mußte, um in Gemeinschaft von Ver= brechern nach Lambessa getrieben zu werden, und lieber starb, als um Gnade flehte, um= florten sich die Augen der beiden Mädchen, und Michel wie der alte Matthes, zwischen denen Nelusco saß, wischten sich heimlich die Augen mit dem Rockärmel.

„Wie kommt es doch," fragte Clarisse nach einer Weile, „daß gewaltige und erhabene Na= turen selten erfolgreich sind, während die Unter= nehmungen kluger Menschen, selbst wenn sich ihre geistigen Fähigkeiten kaum über das Niveau der Mittelmäßigkeit erheben, meist vom Glück gekrönt sind?"

„Weil die Ersteren in der Regel Idealisten sind und das Unmögliche wollen, während die Letzteren nur das Mögliche anstreben," versetzte der Doktor lächelnd und erfaßte Clarissens Hand. „Mein eigenes Leben beweist diese Regel, und indem ich Dir den Grund meiner Erfolge schildere, mein liebes Töchterchen, wirst Du ein= sehen, daß Dr. Brandes weder zu den gewal= tigen, noch den erhabenen Naturen gehört, son= dern stets die breite Mittelstraße wanderte: Als junger Arzt kam ich vor etwa 22 Jahren nach E...", erzählte der Doktor. „Arm wie eine Kirchenmaus zog ich ein, und da kein Patient zu meinem bartlosen Gesichte Vertrauen faßte, obgleich ich schon 30 Jahre zählte, so sah ich mich genöthigt, in einer Eisengießerei als armseliger Handlanger zu arbeiten, was mich sehr hart ankam. Eines Tages brach mein alter Freund Birnbaum, welcher ebenfalls in der Hütte arbeitete, bei einem Sturze das Bein, und da kein anderer Arzt in der Eile aufzu= treiben war, so rief er mich zur Hilfe, und ich

18*

kurirte den Bruch so trefflich, daß Sie den alten
Knaben jetzt noch flott tanzen und laufen sehen.
Diese rasche Kur verschaffte mir in der kleinen
Stadt einiges Renommé und unter den ärmeren
Einwohnern vorzugsweise fand ich bald eine
Praxis, die mich nothdürftig ernährte. Damals
war Adolf Price der reichste Mann in E...
Er besaß eine Tochter, die ich liebte, und von
welcher ich wieder geliebt wurde. Ich hatte den
alten Herrn von einem hartnäckigen Fieber
kurirt, und dabei seine 16jährige Tochter kennen
und lieben gelernt. Eines Tages überraschte
uns der wiederhergestellte Papa bei einem heim=
lichen Rendez=vous und nahm mich, ohne ein
Wort des Unwillens zu äußern, mit auf sein
Zimmer.

„Sie lieben meine Tochter, Doktor, und wie
ich eben hörte, liebt dieselbe Sie wieder. Na=
türlicherweise wollen Sie meine Tochter hei=
rathen?!" Ich stammelte ein kaum vernehm=
liches Ja.

„Sie sollen das Mädchen haben, junger
Mann," sagte der alte Herr nach kurzem Be=
sinnen, „denn ich halte Sie für einen Ehren=

mann. Allein ich verlange von meinem Schwie=
gersohn, daß er im Stande sei, seine Familie
selbst zu ernähren. Weisen Sie mir deshalb
nach, daß Sie jährlich 1200 Dollars zu erwer=
ben im Stande sind, so habe ich Ihrer Verbin=
dung nichts entgegenzusetzen. Ich selbst gebe
meinem Kinde keinen Cent mit, und da ich bis
zu meinem Lebensende mein ganzes Vermögen
sehr leicht wieder verlieren kann, so ist es
nöthig, daß Sie selbst ein wohlsituirter Mann
sind. Gehen Sie nach Kalifornien, dort ist jetzt
Gold in Fülle, und verdienen Sie sich ein klei=
nes Kapital. Kehren Sie nach 5 Jahren zurück
und haben Vermögen, so können Sie ja sehen,
wie es um das Herz Ihrer Geliebten steht:
war ihre Liebe ächt, all right, so ist das Glück
vollständig; war dieselbe nur eine Kinderpei=
gung, so tröstet Sie Ihr Vermögen über den
Verlust. Nehmen Sie mein Wort, daß ich
Ihnen fünf Jahre lang mein Kind aufbewahre.
Hier ist das Geld, welches ich Ihnen für die
glückliche Kur schulde, und nun leben Sie
wohl."

Price drückte mir 10 Noten à Hundert

Dollars in die Hand und ich schritt ganz ver=
wirrt über diese unerwartete Lösung der
Thüre zu.

„Noch eins," rief Price. „Ich gebe Ihnen
zehn Minuten Zeit, sich von meiner Tochter zu
verabschieden, und eine gute Lehre nehmen Sie
mit auf den Weg: der Mensch kann Alles er=
reichen, was er will, er darf nur nicht das Un=
mögliche wollen!"

Mit tausend Dollars und dieser Lehre in
der Tasche ging ich nach Kalifornien und kehrte
3 Jahre später mit einer Summe von 40,000
Dollars nach E... zurück. Rosa's Mutter war
mir treu geblieben und wurde kurz nach meiner
Rückkehr mein Weib. Sie starb leider viel zu
früh: früher als ihr guter Vater, dem ich so
viel verdanke."

„Wir müssen vor Abend nach der Farm
zurück," sprach der alte Birnbaum, als der
Doktor seine Erzählung beendet hatte, und da
es jetzt gerade 4 Uhr ist, so denke ich, Michel,
wir setzen das Segel ein und fahren ab."

„Auch ich muß um Sieben bei einem Pa=
tienten sein," rief Brandes. Da Rosa jedoch

mit ihrer Freundin Clarisse noch um die ganze Inselgruppe zu fahren gedenkt, so werden wir am Besten thun, Matthes, mit Birnbaum zu fahren. Herr Huxley wird hoffentlich die Damen nicht allein den Wellen preisgeben wollen."

Huxley versicherte, daß ihm die Damen schon vor der Abfahrt das Versprechen gegeben hätten, ihn zu ihrem Gondoliere zu machen.

„Welcher Partei schließen Sie sich an, Mr. Linton?" fragte der Doktor lächelnd.

„Der schwächeren, wenn diese mich nicht verschmäht," erwiederte Linton, und Rosa meinte, daß zwei Beschützer immer besser wären, als einer.

Die vier Männer fuhren ab, obgleich Michel sich nur mühsam und mit sichtlichem Wider= willen dem Befehle seines Vaters fügte. Die Zurückbleibenden bemerkten, daß sie zwei Kähne zur Verfügung hätten und, da vier Personen und ein großer Hund in einem kleinen Boot nur nothdürftig Platz fanden, so beschloß man, paarweise die Kähne zu benutzen.

„Spielen wir Hasch=hasch unter den Bäumen," rief Rosa. „Wer Clarisse fängt, fährt mit ihr;

wer zurück bleibt, muß sich mit meiner Gesell=
schaft begnügen."

Die Herren nahmen diesen Vorschlag mit
lauter Afflamation, Clarisse nur mit Wider=
streben an. Als sie Rosa nun bat, keine Spiel=
verderberin zu sein, schürzte sie ihr leichtes Kleid
auf und flog auf Rosa's Klatschen wie eine
flüchtige Elfe durch den Wald. Beide Herren
ließen der schönen Läuferin einen Vorsprung,
dann aber brachen sie gleichzeitig los und
stürzten mit rasender Eile durch die verschlun=
genen Baumgruppen hin. Nelusco sprang, ganz
sein phlegmatisches Neufoundländer Naturell
verläugnend, dumpf kläffend an der Seite seines
Herrn dahin. Jetzt flog das erregte, schnell=
füßige Mädchen einen Wiesenabhang hinunter
und Linton war ihr mit einigen gewaltigen
Sätzen schon so nahe gekommen, daß er mit der
ausgestreckten Hand nach ihrem Kleide faßte,
während Huxley drei Schritte hinter ihm her=
keuchte, als plötzlich Nelusco zwischen seines
Herrn Beine fuhr und dieser der Länge nach
zu Boden stürzte. Ueber ihn fort sprang Hux=
ley; schon wollte er seinen Arm um die Hüfte

der Fliehenden schlingen, als diese, mit einem Sprunge seitwärts, hinter einer mächtigen Eiche stand, wo Linton, welcher rasch wie der Blitz auf seine Füße gesprungen war, unerwartet seine Hand auf ihre Schulter legte.

„Miß Graham, Sie sind meine Gefangene," sagte der Sänger lächelnd und Huxley meinte, daß ihm niemals eine Dame vorgekommen sei, welche so gewandt und leichtfüßig springen könne.

Clarisse flocht im Zurückgehen eine aufge= löste Flechte ihres blonden Haares, dann stützte sie sich auf Linton's Arm, und als Rosa am Ufer erfahren hatte, daß Linton gesiegt habe, legte sie demselben einen in der Eile gewun= denen Epheukranz auf den Rand seines Stroh= hutes.

„Dem Verdienste seine Krone," bemerkte sie lachend.

„Huxley, haben Sie die Güte, Ihren Kahn an's Land zu ziehen, damit ich einsteigen kann, und dann wollen wir beide so schnell rudern, daß der Sieger mit seiner Beute uns auf dem Wasser wenigstens nicht folgen kann. Vor=

wärts! Rudern wir zuerst bis zu den rothen
Felsen; von da ab treibt uns der Wind durch
den Kanal, zwischen Happy Island und Green
Island bis nach der Cottage hin."

Huxley setzte die Ruder ein und bald flog
der Kahn den nördlich gelegenen Felsen zu.
Linton, welcher mit Clarisse und Nelusco in
seinem schmalen Fahrzeug Platz genommen,
folgte langsam. Die rothen Felsen waren bald
erreicht. Die Spitze dieser etwa 80 Fuß hohen
Sandsteinblöcke trug einen Leuchtthurm, auf
welchem ein alter Matrose wohnte. Ein Dutzend
Möven flatterte über die ausgehöhlten Felsen,
an denen sich die Wellen mit eigenthümlichem
Gurgeln und hohlem Rauschen brachen.

„Vor diesen Felsen liegen auf dem Grunde
des See's einige vor langen Jahren gestrandete
Schiffe," sagte Huxley, als die vereinte kleine
Gesellschaft vor dem Leuchtthurm hielt, „sonst
giebt es hier nichts Merkwürdiges. Die Schiffe,
welche vorüber fahren, steuern mehr nördlich,
deshalb sehen wir von hier aus nur ganz unten
am Horizonte einige Segel. — Doch jetzt ist

der Wind günstig, spannen wir die Lein=
wand aus."

Die Herren legten die Ruder zur Seite und
bald flogen die beiden Fahrzeuge mit geschwell=
tem Segel in die breite Wasserstraße, welche
zwei Inseln trennte, deren Ufer mit hohen
Baumgruppen und dichten Schlinggewächsen be=
setzt waren. Je weiter die Fahrzeuge beim
Scheine der untergehenden Sonne vorrückten,
desto enger wurde die Wasserstraße, und da
zwischen den hohen Baumwipfeln sich auch die
Stärke des Windes brach, so verminderte sich
der rasche Cours der kleinen Fahrzeuge und
Huxley setzte wieder die Ruder ein und rief
Rosa zu: „Nun wollen wir Herrn Linton zei=
gen, wer zur See den Sieg davonträgt."

„Bravo, Mr. Huxley!" antwortete Rosa,
welche das Steuer führte. „Gewinnen Sie einen
Vorsprung und ich winde Ihnen einen Schilf=
kranz, so groß als ihn unser Neptun unter der
Fontaine im Garten der Cottage trägt!"

Huxley ruderte wie ein Löwe, Rosa schwenkte
lustig ihren Strohhut und bald hörten die
Zurückbleibenden Rosa's Lachen nicht mehr;

nach einer Viertelstunde aber war Huxley's Boot hinter einem Vorsprung von Green Island verschwunden. Linton legte lächelnd die Ruder bei Seite, nahm den epheubekränzten Strohhut ab und sagte ruhig: „Sie sind fort, und das ist mir lieb, denn ich wollte mit Ihnen ganz allein sein, Miß Graham." —

Clarisse blickte Linton fast erschreckt an. Sie hatte eine Hand am Steuer, die andere ruhte auf Nelusco's schwarzem Kopf. Langsam ließ sie jetzt die Hände herabsinken, faltete sie im Schooß und frug ganz leise, fast tonlos: „Warum wünschen Sie das, Sir?"

„Weil ich morgen wahrscheinlich E . . . für immer verlasse und Ihnen vorher noch ein Geständniß machen muß," antwortete Linton.

„Sie reisen morgen ab? — Man sagte mir, Sie hätten auf morgen Abend ein Concert angesetzt?"

„So ist es, Miß; allein sobald das Concert beendet ist, werde ich mit einem einlaufenden Dampfer nach Canada zurückkehren."

„So bald schon?" hauchte Clarisse und senkte ihre schönen Augen, während ein leichtes

Roth über ihre Wangen glitt. — „Was führt
Sie nach Canada?" frug sie weiter.

„Es lebt dort ein Bruder meiner Mutter,
der mir schrieb, ich könne bei einer Gesellschaft
in Montreal Engagement als Charakterspieler
finden," erwiderte Linton und fuhr mit der
Hand durch sein dunkles welliges Haar.

„Mir scheint, Sie führen ein recht bewegtes,
fast zigeunerhaftes Leben," bemerkte Clarisse,
mit einem Zuge von Bitterkeit um den schönen
Mund. — „Leben Ihre Eltern noch?"

„Sie sind beide todt."

„Erzählen Sie mir von Ihrer Mutter,"
bat Clarisse, schlang ihre weißen Arme um
Nelusco's Hals und senkte ihr Kinn gedanken=
voll auf des Thieres mächtigen Kopf. Sie
schien durch ihre Fragen Linton's Geständniß
verscheuchen zu wollen.

„Ich spreche gern von meiner Mutter,"
sagte Linton und blickte Clarisse fest in's Auge —
„denn jeden guten Gedanken meiner Seele, jede
zarte Regung meines Herzens, sammt einer
Welt voll süßer, lieber Erinnerungen, verdanke
ich ihr. Sie war in ihrer Jugend früh ver=

waist und folgte meinem Vater, als sie sein
Weib geworden, nach Indien, wo dieser eine
Stellung in der Armee bekleidete. In Bombay
bin ich geboren und vierzehn Jahre lang lebte
ich mit meiner guten Mutter in jenen heißen
Zonen, oft Jahre lang getrennt von dem Vater,
der im Felde stand — oft Monate lang auf
einsamen Forts und Militärstationen im in=
dischen Meere, wo wir nichts sahen als das un=
ermeßliche blaue Meer, und nichts hörten, als
sein dumpfes Rauschen und den Tritt der Schild=
wache. Ihr einziger Trost war ihr kleiner
Sohn, ihre einzige Freude, ihn zu unterrichten.
Wie stolz war sie, wenn wir nach langer Tren=
nung am Halse des Vaters hingen, und ich ihm,
auf seinen Knieen sitzend, erzählte, welche Fort=
schritte ich gemacht! An solchen Tagen war
meine gute Mutter glücklicher als irgend eine
Menschenseele auf dieser weiten Erde; sie um=
halste meinen Vater und freute sich, wenn ich
eifersüchtig wurde; sie lachte wie ein fröhliches
Kind, wenn ich auf Papa's Rücken saß, und
ihre Augen leuchteten heiter wie die Sonne,
wenn sie uns bewirthete. Dann kam eine Reise

nach der Kapstadt, auf welcher unser Schiff von heftigen Stürmen verschlagen, wochenlang unter der heißen Zone umherlavirte. — Das Wasser ging uns aus und das arme Weib legte sich die entsetzlichsten Entbehrungen auf, um mich den Mangel nicht fühlen zu lassen. Ich glaube, sie hätte ihr Herzblut hingegeben, um mich zu retten. Als wir in der Tafelbai landeten, war ihre Gesundheit gebrochen. — Ihr Grab liegt in England, wohin mein Vater, leider zu spät, mit uns zurückgekehrt war. Mein armer Vater hatte meine Mutter sehr geliebt, drei Jahre später folgte er ihr in eine bessere Welt. Seit dieser Zeit schweife ich zwecklos in der Welt umher. Ich wurde Schauspieler, weil mir dieser Stand die meiste Gelegenheit zum Reisen und zu Aufregungen aller Art bot. Allein oft, sehr oft fühle ich in einsamen Stunden die Qualen des Verlassenseins. Es treten mir die Leiden meiner Mutter vor die Seele, und ich sehne mich nach einer Heimath. Ich denke an all' die Liebe, welche sie mir geschenkt, an den süßen Trost, den sie meinem Vater gewährte, und ich weine manchmal in stiller Nacht bittere Thränen um die Verlorene. Gäbe es ein Weib, die Deiner Mutter gliche, sage ich mir dann, und sie könnte mich lieben, wie jene mich geliebt, und sie wollte die Leiden und Stürme des Lebens ebenso muthig mit mir tragen, o dann hätte die Erde keinen zu= friedeneren Menschen als mich. Alle meine Kräfte wollte ich anstrengen, um mir und diesem Weibe eine schöne stille Heimath zu gründen, und getröstet und belebt durch ihre Liebe, soll= ten die Sorgen und Misgeschicke der Außen= welt keine tieferen Furchen in meiner Seele zurücklassen, als der Kiel dieses Schiffes auf der Oberfläche des weiten See's."

Als Linton geendet, sank Clarissens Kopf ganz auf Nelusco's schwarzes, wolliges Haar. Sie hatte die Augen geschlossen und ihre blaß gewordene Wange bildete einen seltsamen Con= trast zu dem ernsten dunkeln Kopfe des Hundes. Von den dunkelrothen Strahlen der Sonne be= leuchtet, fielen ihre Flechten auf den rund= gewölbten Busen, welcher stürmisch wogte. — Wie mußte ihr Herz schlagen! Sollte Linton das laute Pochen desselben nicht hören? —

Der Kanal war so einsam und aus dem Walde, dessen Trauerweiden ihre grünen Zweige in's dunkle Wasser fallen ließen, tönte kein Laut. Die Blätter der Willows wurden vom Windzug kaum bewegt, und selbst das Segel hing glatt an der Stange herab. Clarisse legte die Hand auf's Herz. Nach einer Weile, während Linton sie lautlos betrachtete, hob sie die dunkeln Wimpern und fragte: „Sind Sie zu Ende, Sir?"

„Nein, Clarisse, ich bin es nicht," fuhr Linton mit fester Stimme fort. „Ich muß Ihnen noch sagen, daß ich ein Mädchen gefunden habe, dessen Augen schöner und glänzender sind, als die meiner Mutter waren; ich muß Ihnen sagen, Clarisse, daß die Stimme dieses Mädchens so tröstend und erquickend klingt, wie die meiner Mutter, und muß Ihnen sagen, daß ich dies Mädchen liebe, mit jedem Gedanken meiner Seele, mit jedem Schlage meines Herzens, und daß ich elender werde, als ich es je in den Tagen meines Verlassenseins war, wenn sie aus falschem Stolze mich verschmäht. Dies Mädchen aber —"

„Halt! Reden Sie nicht weiter!" unter=
brach ihn Clarisse. „Ich kenne ihren Namen:
es ist der meine."

„Nun, wenn Sie das fühlen, Clarisse!"
rief Linton stürmisch und beugte sich so weit
vor, daß er ihre Hand erfassen konnte, „so hat
auch Ihr Herz bereits gesprochen und Sie
können mir sagen, ob Sie mir Ihre Hand und
damit eine Welt des Glücks und der Wonne
schenken wollen, oder all' meine Zukunft so
trostlos werden soll, wie meine Vergangenheit."

„Ja, mein Herz hat gesprochen," lispelte
Clarisse, wie im Traume, und ihre Augen um=
florten sich; sie drückte die Hände fest vor die
Brust, als wolle sie die Wallungen des Herzens
ersticken, „allein die Wünsche desselben sind
thöricht, wie die Bitten eines Kindes, das mit
der Flamme zu spielen begehrt. — O, welch
ein Sturm schwarzer Gedanken, banger Zweifel
und böser Ahnungen braust durch meine Seele!"
rief sie, in Thränen ausbrechend und barg ihr
Gesicht hinter den weißen Händen.

„Trotze ihm, Clarisse! Sei stark, und
schenke mir Deine Liebe, Dein Vertrauen. Sag',

daß Du mein sein willst für's ganze Leben, und über Deinem blonden Scheitel soll nach kurzem Kampfe die Sonne des Glückes auf= gehen, so rosig und klar, daß Dein Herz er= beben wird vor Staunen und süßem Entzücken. Zeig' mir Deine Augen, schüchterne Taube, und laß die zuckenden rothen Lippen kurz und kühn die Worte sprechen: „Lawrence, ich bin Dein!"

Linton hatte den Kopf des weinenden Mädchens in beide Hände gefaßt und küßte die bleiche Stirne, das duftige blonde Haar.

Clarisse ließ die Hände sinken und ihr Auge öffnete sich, wie der bethaute Kelch einer Rose, doch blickte es ernst und vorwurfsvoll. „Küssen Sie nicht meine Stirne, Sir!" sagte sie und entfernte Linton's Hände. „Dies Recht steht nur meinen Eltern und dereinst meinem Ver= lobten zu. Ich will über das, was Sie mir sagten, heute Nacht ernstlich nachdenken — und will beten. Morgen Abend soll mein Entschluß unwiderruflich gefaßt sein, ob ich mein Geschick in Ihre Hände lege, oder ob wir auseinander gehen, auf Nimmerwiedersehen. Um wie viel Uhr ist Ihr Concert zu Ende?"

19 *

„Um Zehn."

„Erwarten Sie mich vor Elf an dem Thor
der Cottage, dort will ich Sie sprechen," sagte
Clarisse und betrachtete dann den Himmel. „Die
Nacht überrascht uns," fuhr sie fort, „denn die
Sonne ist unter, wir müssen eilen, nach Hause
zu kommen, Rosa könnte sonst über unser Aus=
bleiben erschrecken."

Linton setzte sich, ohne ein Wort der Ent=
gegnung, auf die vorderste Bank im Kahn und
senkte die Ruder in die Fluth. Die Dämmerung
ist bekanntlich in Amerika nur von sehr kurzer
Dauer, und bald schimmerte das Mondblicht
durch die dunkeln Baumzweige.

Der kurze, energische Ton, mit welchem
Clarisse die letzten Worte sprach, hatte Linton
befremdet und verwundet. Sind Stolz und
kalte Vernunft wirklich so mächtig geworden
unter dieser hohen Stirne, daß sie die erste
junge Liebe in dem Herzen eines 18jährigen
Mädchens zu ersticken vermögen, so ist sie für
mich verloren. Seufzend lehnte er sich zurück
und ruderte so kräftig, daß der Kiel fast schäu=
mend durch das mondbeglänzte Wasser rauschte.

Kalt und regungslos, wie eine Nixe, saß Cla=
risse am Steuer und lenkte den Kahn der Küste
des Festlandes zu. Fast auf tausend Schritte
waren sie dem Ufer nahe gerückt, als ein fernes
Rauschen und ein darauffolgendes heiseres Ge=
schrei die stumme Gesellschaft im Kahne auf=
schauen machte. Linton ließ die Ruder sinken,
Nelusco knurrte und Clarisse wandte den Kopf
zurück. Durch die Luft schwirrte der schwere
Flügelschlag zweier Schwäne. Um dieselben
herum kreiste eine Kette jener schwarzen, wilden
Gänse, die so stark, so langhalsig und wild sind,
daß man sie für eine Zwergart der wilden
isländischen Schwäne hält. Wie eine Schaar
von Raubvögeln verfolgten sie die weißen
Schwäne, von denen sich der eine endlich zur
Wehre setzte, der andere aber floh. Bald sank
der streitende Schwan mit blutigem Schädel
sterbend in's Wasser; um ihn her flatterte und
toste die schwarze unheimliche Schaar und stieß
ein wildes, heiseres Triumphgeschrei aus, wäh=
rend der Begleiter des gemordeten Thieres un=
verfolgt über das Wasser schwirrte.

Linton sprang plötzlich empor, raffte sein ge=

ladenes Gewehr auf und ehe Clarisse es hindern konnte, hatte ein Schuß das fliehende Thier in die Brust getroffen und die wilden Gänse verscheucht. Ruhig, wie die blutbefleckten Kelche weißer Camelien trieben die todten Schwäne auf dem dunkeln Wasser.

„Warum haben Sie das gethan?" rief Clarisse, ganz blaß vor Schreck.

„Weil mich die Feigheit empörte, mit welcher das Thier seinen treuen Gefährten in der Gefahr verließ," erwiderte Linton trotzig und sein Auge sprühte. „Ruhig, Nelusco!" rief er dem Hunde zu, als dieser Miene machte, in's Wasser zu springen. „Rudern wir weiter."

Bald trieb der Kahn an den Strand und Clarisse sprang am Fuße der Cottage an's Ufer. „Ich habe mich vor Ihnen gefürchtet," sagte sie, als Linton ihr die Hand zum Abschied reichte.

„Vertrauen Sie mir und folgen Sie muthig der Stimme Ihres Herzens," erwiderte dieser ernst, „und bald werden Sie sich nicht mehr vor mir fürchten; unsere Liebe wird alle Wolken und Schatten zerstreuen, welche jetzt Ihr Herz beängstigen. Gute Nacht, Clarisse."

„Gute Nacht, mein Freund!" hauchte diese und eilte rasch dem Thore zu. Linton ruderte am Ufer entlang weiter und wie ein schwarzer Korsar saß Nelusco in der mondhellen Nacht beim Steuer und blickte mit seinen dunkeln Augen in's Antlitz seines schweigsamen Herrn.

4. Die Entscheidung.

Am andern Morgen schallte auf dem Gang vor Clarisse's Zimmer ein lustiges Lied: „Ich bin der kleine Advokat," sang Rosa und kam frisch und heiter, wie ein munteres Reh, zur Thüre hineingehüpft. „O Clarisse!" rief sie, „wenn Du nur halb so gut geschlafen hast, wie ich, so werden wir heute noch fröhlicher sein als gestern. Ach, wie freue ich mich für heute Abend auf Linton's Concert! Weißt Du, daß ihm Madame Meyer zwei Lieder singt? und der Sheriff trägt ein Cello-Solo vor; der alte Herr spielt vortrefflich. Nun, Du wirst ja hören."

„Ich bitte Dich, liebe Rosa, aber recht innig,

daß Du heute ohne mich nach dem Concert
fährst. Ich muß heute Abend allein sein.
Ich kann Dir erst später sagen weshalb, aber
ich bitte Dich recht herzlich, erfülle meine
Bitte!"

Rosa blieb verwundert vor ihrer Freundin
stehen, als sie jedoch bemerkte, daß Clarisse sehr
ernst und bleich aussah, wurde sie traurig und
verlegen. „Du scheinst schlecht geschlafen zu
haben, Clarisse," sagte sie in mitleidigem Tone.
„Willst Du nicht Papa consultiren?"

„Erfüllst Du meine Bitte?" frug Clarisse
lächelnd.

„Gewiß, mein Herz, ich thue Alles was Du
willst, obgleich ich mich jetzt, da ich allein hin=
fahren soll, gar nicht mehr auf das Concert
freue; doch ich weiß, was ich beginne, ich nehme
Michel Birnbaum mit."

„Thue das, meine Liebe," bemerkte Clarisse
mit dankbarem Lächeln, und beendete rasch ihre
Toilette, da das Frühstück angezeigt wurde.

Am Abend desselben Tages fuhr Rosa mit
Michel Birnbaum allein in's Concert, und da
Frau Marthe in der Küche beschäftigt war und

Dr. Brandes an jenem Abend den Club be=
suchte, so blieb Clarisse vor dem hellflackernden
Kamin des geräumigen Wohnzimmers allein
zurück. Sie saß auf einer bequemen, grün=
sammtnen Causeuse, und ihre kleinen Füße
ruhten auf einem perlengestickten Schemel. An
ihrer Seite stand ein zierlich gearbeiteter Näh=
tisch, welchen Stickereien, Albums, ein silbernes
Theegeschirr, sammt einem Körbchen voll Back=
werk beschwerten. Von all' diesen Gegenständen
nahm Clarisse jedoch wenig Notiz. Sie hatte,
als Rosa abgefahren war, die Flamme der
Lampe, welche hinter einer venetianischen Milch=
glocke das Zimmer erhellte, bis auf ein be=
scheidenes Flämmchen reducirt, so daß ein an=
genehmes Halbdunkel im Zimmer herrschte,
welches nur am Kamin von dem flackernden
Kohlenfeuer bekämpft wurde.

Clarisse schaute träumend - in die spielende
Flamme. Der Wiederschein der glühenden
Kohlen warf einen rothen Schimmer über
ihr bleiches Gesicht. „Sag mir, du spielende
Flamme," flüsterte das schöne Mädchen, „darf
ich Linton's Weib werden?" — Eine Kohle

sprang berstend vor der Gluth entzwei und das
hervorquellende Oel gebar viele neue Flämm=
chen; diese flackerten lustig auf und schienen
zischend zu rufen: „Nimm ihn!"

Geblendet schloß sie die Augen, lehnte sich
rückwärts gegen die Polster der Causeuse und
frug sich leise: „Darf ich ihm folgen in eine
freudlose Welt, in deren lärmendem Getöse er
mühsam um eine kümmerliche Existenz ringt?
Werde ich nicht unterliegen in diesem Kampfe
und zu Grunde gehen, wie die Frau Mac=
gregor's?"

Ihre Phantasie malte sich das Bild der
sterbenden Schauspielerin aus und dasselbe war
so hohläugig und gespenstig, daß sie ein leichtes
Furchtgefühl beschlich, als müsse das Medusen=
antlitz sie anblicken, sobald sie die Augen öffne.
Furchtsam wie ein Kind schlug sie die Augen=
lider auf, allein an der Decke des Zimmers
spielten nur einige lustig wechselnde Lichter: der
Wiederschein der Flamme im Kamin. — „Wie
kindisch ich bin," flüsterte sie lächelnd. Lawrence
sagte: „Vertraue mir!" und die wahre Liebe
soll vertrauen. Ja ich will stark sein — ich

will vertrauen. Lawrence hat so ernste treue
Augen; gewiß, er kann nicht falsch sein!
Er ist ein Schauspieler, zischelte die Ver=
nunft. Hast Du je eines Komödianten wahres
Gesicht gesehen?

Mechanisch erhob sich das Mädchen, schritt
sinnend mehrere Male über den grünen Teppich,
dann ergriff sie eines der auf dem Tische
liegenden Albums, setzte sich wieder an's Feuer
und schlug es auf. Es war ihr eigenes. Rosa
hatte dasselbe am Tage ihrer Ankunft aus dem
Koffer genommen. Gedankenlos blätterte Cla=
risse in demselben. Hinter einer langen Gallerie
von Jugendfreundinnen kamen die Bilder ihrer
Familie. Da zeigten sich zuerst die stolzen Züge
ihres Vaters. Dieser alte Herr konnte als das
Muster eines Gentleman gelten; feingeschnitte=
nes edles Profil, scharfgezeichnete Augenbrauen,
dünner Backenbart und aristokratische Haltung:
Alles verkündete an ihm den Staatsmann.
Diesem Bilde zur Seite zeigte sich eine stolze
Matrone, mit starkem Kinn und großen Augen.
Es war Clarissen's Mutter, eine Tochter des
englischen Baronets Aukland, Schwester des

Bischofs von E . . . Senator Graham war in seiner Jugend als Gesandtschaftsattaché nach England geschickt worden; er stammte ja selbst aus einer der bedeutendsten Familien dieses Landes. In das Haus des Baronets eingeführt, gewann der amerikanische Diplomat die Liebe der jungen Lady Aukland und ihre Hand. Diesen Bildern schlossen sich die Porträts des Bischofs und seiner Familie an — stolze englische Aristokraten-Gesichter. Durfte sie in eine solche Familie einen armen Schauspieler als Bräutigam einführen? Nein und tausendmal Nein! Ein glühendes Roth färbte ihre Wangen, der Gedanke daran machte sie erbeben und trieb ihr das Blut in's Gesicht. Heftig warf sie das Album zur Seite; ihr Stolz bäumte sich auf. Diese Liebe mußt Du aus Deiner Seele verbannen, Clarisse, rief es in ihrem Innern und solltest Du darüber zu Grunde gehen!

Die große Wanduhr auf dem Gange schlug eilf Uhr. Clarisse hörte am Kamin die monotonen Schläge wie ein fernes Summen.

Rasch erhob sie sich; es galt ihr Wort einzulösen. Als sie in den dunklen Park trat,

überflog sie ein leichtes Frösteln. Die hohen
Bäume glichen ungeheuren Riesen, welche ihr
hundert Arme entgegenstreckten, die mondbeglänz=
ten Wipfel derselben bewegten sich und schauten
sie gespenstig an, wie silberhaarige Greisenantlitze
mit großen fragenden Augen. Nachtvögel flat=
terten durch das niedere Laubwerk und jetzt flog
eine Fledermaus dicht an ihr vorüber und streifte
mit dem Flügel ihr heiße Wange. Schaudernd
hüllte sie sich in den warmen Mantel und huschte
an den Taxushecken vorüber. Der Kies knirschte
unter ihren Sohlen und dieser Ton erschreckte
sie in der todtenstillen Nacht. Endlich hatte sie
den Ausgang des Parks glücklich erreicht, jetzt
schöpfte sie tief Athem und trat hochaufgerichtet
und stolz aus dem dunkeln Schatten der Bäume,
vor die kleine Gartenthür in's volle Mondlicht.

Unter den Kastanien der Allee, welche zum
See hinunter führte, regten sich zwei dunkle
Figuren und ein dumpfes Knurren wurde hörbar.

„Ruhig, Nelusco!" tönte Linton's sonore
Stimme und zwei Sekunden später trat eine
schlanke hohe Gestalt aus dem Dunkel. Linton
mit dem mächtigen Neufoundländer an der

Seite stand ihr gegenüber. Der junge Mann hatte noch den Frack nicht abgelegt, den er im Concert getragen, nur ein dunkler Reiseplaid hing auf seiner Schulter. — „Ich danke Ihnen, Clarisse, daß Sie treu Ihr Wort gehalten," sagte er nach kurzer Pause und reichte ihr die Hand. Sonderbar, diese Hand war kalt und leblos, wie sein bleiches Antlitz.

„Ich halte stets mein Wort, Sir; darum wiederhole ich auch selten das, was ich einmal gesagt habe und noch seltener widerrufe ich das Gesagte."

Nun, so sprechen Sie mein Urtheil. Doch lassen Sie uns die Allee hinabschreiten. Hinter dieser Thüre könnte ein Lauscher stehen.

„Sie kommen meinen Wünschen entgegen, Herr Linton." — Gehen wir! Ohne den ge= botenen Arm des jungen Mannes zu beachten, schritt sie an seiner Seite die Allee hinab; Nelusco aber trabte wie ein schwarzer Wächter voraus.

Die Allee war durchschritten und noch hatte keines von beiden ein Wort gesprochen. Der schlanke Kirchthurm, welcher über die weißen

Grabbenkmäler des Kirchhofs wegschaute, stieg vor ihnen auf und immer weiter führte sie der bleiche Linton, bis zu den drei Bäumen. Clarisse hatte den Ort früher schon besucht; er lag nur 50 Schritte vom Wege auf der Nordseite des Plateaus. Unter drei mächtigen Eichen war eine Holzbank angebracht. Von hier aus genoß man am Tage eine herrliche Fernsicht über Hafen und See bis zu den Inseln. Clarisse setzte sich auf die Bank nieder, während Linton an ihrer Seite stehen blieb, und ließ ihre Blicke über das murmelnde Wasser bis weit hinaus gen Norden schweifen, wo Nacht und Nebel ein graues Dunkel bildeten.

„Was sind das für rothe Punkte dort, ganz in der Ferne?" fragte sie und deutete mit der Hand gerade aus.

„Vermuthlich ein Dampfer, welcher sich dem Ufer nähert," warf Linton leicht hin. — „Doch jetzt, Clarisse, da wir an dem Punkte angelangt sind, woselbst wir uns die Hände reichen, entweder zu glücklicher Vereinigung für's ganze Leben, oder zu ewiger Trennung, jetzt sagen Sie mir rasch, welches Loos meiner harrt."

Clariſſe hatte mit abgewandtem Geſicht Linton zu Ende reden laſſen, dann wandte ſie ſich um, ſah ihm feſt in's Auge und indem ſie wie zum Abſchied ihre Hand erhob, ſagte ſie mit leiſer aber feſter Stimme: „Wir müſſen uns trennen, Lawrence."

Linton machte nach dieſen Worten unwill=kürlich eine Bewegung nach dem Herzen und frug mit leichtem Beben in der Stimme: „Für immer?"

„Für immer."

„Ohne jede Hoffnung?"

„Ohne jede Hoffnung," ſtieß Clariſſe müh=ſam hervor.

Es trat eine lange Pauſe ein und Linton's Augen umflorten ſich. Als wolle er den Himmel und nicht das Mädchen an ſeiner Seite, das ihm ſo weh gethan, anklagen, richtete er ſeine Blicke nach den Sternen. Dann nach einer Weile ſagte er: „Ich las geſtern in Deinen Augen, Clariſſe, daß Du mich liebſt; ja und auch heute noch, in dieſem Augenblicke fühle ich, daß Dein Herz mir gehört und dennoch haſt

Du den Muth, mich grenzenlos elend zu machen.
Aus welchem Grunde verschmähst Du mich?"

„Erlaß mir jede Erklärung."

„Ich habe ein Recht sie zu fordern und ich
bestehe darauf."

„Nun denn, so höre mich, Lawrence: Es
ist wahr, ich liebe Dich und wünsche in dieser
Nacht, Gott hätte mich zur Bettlerin geschaffen,
ohne Heimath und Familie, damit ich Dir
folgen könnte, wohin Du es verlangst; allein es
ist anders. Ich habe eine Familie — gegen
diese habe ich Pflichten und sie würde mich,
wenn ich heimkehrte, fragen: „Welchen Stand
hat Dein Verlobter?" Müßte ich nicht er-
röthen, wollte ich die Wahrheit sagen?" — Ich
bin zu stolz zum Lügen, und da ich nicht er-
röthen will über den Mann, dessen Weib
ich dereinst werden soll, so müssen wir uns
trennen."

„Ein Vorurtheil also schreckt Dich?" sagte
Lawrence bitter lächelnd. „Ich glaubte, Du
seiest eine Amerikanerin, welche die Rangunter-
schiede der alten Welt nur dem Namen nach
kennt. Doch ist das wirklich nur die einzige

Schranke, welche mich von Dir trennt, so will ich sie niederreißen. Gut denn, ich opfere unsrer Liebe eine Laufbahn, welche mir lieb geworden. Ich will dem Theater entsagen und bitte Dich nur, gieb mir wenige Jahre Zeit, um mit dem Aufgebote aller Kräfte eine neue Carrière zu beginnen."

„Erreiche Deinen Vorsatz und frage dann im Hause meiner Eltern nach mir, bis dahin darf ich Dir kein Versprechen geben, auf eine Hoffnung hin, welche so leicht scheitern könnte. Leb' wohl."

Clarisse wandte sich zum Gehen, allein Linton ergriff rasch ihre Hand und sie zurückhaltend, frug er mit flehender Stimme: „Und hast Du nicht den Muth, Clarisse, mir vorher zu sagen: Ich bin Dein bedingungslos! Hast Du nicht das Herz zu sagen: Lawrence, ich bin Deine Braut und Du hast kraft unserer Liebe das Recht, bei meinem Vater um die Hand seiner Tochter anzuhalten; nur stelle Dich ihm nicht als Schauspieler vor! Hast Du nicht so viel Gegenliebe?"

„Es darf und kann nicht sein!" unterbrach ihn Clarisse mit fliegendem Athem.

„So ist Dein Stolz größer als Deine Liebe?" rief Linton vorwurfsvoll.

„Nenn' es Stolz, ich nenne es kindliche Pietät! Und nun zum letzten Male leb' wohl! Möge es Dir gut ergehen in der Ferne! Vielleicht gewährt Dir Gott dereinst bessere Wünsche, als die sind, welche ich nicht anhören darf, wenigstens jetzt nicht."

Rasch, als gelte es einer großen Gefahr zu entfliehen, wandte sich Clarisse nach diesen kurzen Abschiedsworten zum Gehen. Schon hatte sie mit großer Mühe einige Schritte vorwärts gethan, da blickte sie scheu zur Seite. Wie zur Bildsäule geworden stand Lawrence Linton unter den drei Eichen und starrte ihr eine Weile regungslos nach. Dann als sie eben den äußersten Vorsprung des Plateaus betrat, sprang er ihr nach, streckte die Arme gegen sie aus und rief ihren Namen mit dem Ton so inniger überströmender Liebe, daß sie erschreckt wankte und als er näher kam, fast überwältigt an seine Brust sank.

20*

„Kannst Du mich wirklich verlassen wollen, theure Clarisse? — Du darfst es nicht! Ein Himmel des Trostes und Glückes geht von mir, wenn ich nicht wieder in diese süßen Augensterne blicken darf. — Gehörst Du nicht mir an, mein Herz und meine Seele? — O sei stark, mein stolzes muthiges Kind! Wage den kühnen Schritt, einem armen aber redlichen Manne Deine Hand zu reichen. Vertraue mir, unsere Zukunft wird eine glückliche sein." Linton preßte Clarisse stürmisch an seine Brust, sie fühlte deutlich sein Herz pochen und der warme Hauch seines Mundes streifte ihre Wange; durch ihr Blut rieselte ein Strom des Entzückens, der feurig und berauschend in ihr Herz strömte. O wie süß, wie unendlich selig war es, so an seiner Brust zu ruhen! Ein heiliger Friede überkam sie und bis in alle Ewigkeit hätte sie diesen Augenblick verlängern mögen. Allein durfte sie es? Blickte sie das stolze Auge ihres Vaters nicht strafend an?

„Clarisse, sag' es, daß Du mir angehörst — mir, dem armen Linton und ich will Dein

ganzes Dasein zu einem wonnigen Traum der
Liebe gestalten. Vertraue mir!"

Diese Worte schreckten Clarisse auf. „Wir
sind recht schwach, Lawrence," sagte sie mit
sanfter Stimme. „Diese Trennung muß über=
wunden werden, denn sie ist unvermeidlich, wie
der Tod. Sei ein Mann! Du siehst ja, ich
bin stark — ich, ein Weib." Kalt lächelnd
trat sie zurück und wandte sich zum Gehen.

„Halt!" rief Linton jetzt mit mächtiger
Stimme und seine Gestalt reckte sich plötzlich
empor, so stolz und majestätisch, als sei er ein
König, welcher unerwartet in die Reihen auf=
rührerischer Vasallen tritt. Erschreckt und ver=
wundert blieb Clarisse stehen und blickte ihn
sprachlos an. „Siehst Du die Fregatte, welche
da unten im Hafen die Planken auf den Quai
wirft? Es ist die „Golden Aera". Mein
Oheim, der Gouverneur von Canada, sendet sie
hieher, um mich, den Earl of Davon, nach
Montreal zu führen. Doch ehe ich an Bord
dieses Schiffes gehe, muß ich meine Erzählung
von gestern ergänzen und vollenden. — Ich
habe Ihnen gesagt, Miß Graham, mein Vater

sei Soldat gewesen? So ist es! Er befehligte eine Division in Pendschab und war zeitweise Militärgouverneur von Lahore. Als er nach England zurückkehrte, fiel ihm das Vermögen seines älteren Bruders zu, sammt dem Namen eines Earls of Davon. So kam ich nach meines Vaters Tode in den Besitz des Namens und der Schlösser eines Earl of Davon und trat vor zwei Jahren in das Haus der Lords. Eine unerklärliche Befangenheit, welche mich verwirrte und sprachlos machte, sobald ich die Tribüne betrat, setzte mich dem Gespötte des Parlaments und der Presse aus und ich verließ England mißvergnügt, fast verzweifelnd, denn ich fühlte, daß das Leben eines Staatsmannes mein eigentlicher Beruf sei. Ich ging nach Canada und durchstreifte, nur von Nelusco begleitet und mit einer Jagdflinte bewaffnet, die Wälder dieses Landes. Dort in einem kleinen Städtchen spielte gerade die Gesellschaft Macgregor's und während ich mir eine Vorstellung mit ansah, blitzte mir der Gedanke durch den Kopf, ob etwa eine kurze Thätigkeit auf den Brettern die Befangenheit, welche mich am öffentlichen Reden hinderte, verbannen könnte. Unter dem Namen und Charakter eines armen Abenteurers stellte ich mich Macgregors vor, bat um Engagement und zog mit diesen Leuten auf kleinen Plätzen umher. In E... sah ich Sie, Miß Graham. Der Tod der Frau Macgregor's ließ mich an meine Rückkehr nach England denken; doch vorher wollte ich es versuchen, Ihr Herz zu gewinnen, Clarisse. Bei meiner ersten Begegnung mit Ihnen fühlte ich, daß Sie stolz seien; allein ich hoffte stark genug zu sein, um diesen Stolz zu beugen und war so eitel, mir einzubilden, daß man mich um meiner selbst willen lieben könne. Sie verwarfen mich. — Ihr Stolz war mächtiger als Ihr Herz."

Nelusco stieß ein dumpfes Knurren aus.

Einige Herren in der Tracht englischer Seeoffiziere stiegen die Treppe, welche vom neuen Hafen bis zur Straße führte, herauf und schienen erstaunt zu sein, ein einsames Paar zu so später Stunde auf der Höhe zu finden.

„Kapitän!" rief Linton dem Herrn entgegen. „Sie suchen wahrscheinlich mich?"

Der Gerufene trat grüßend näher, und die

Gesichtszüge Linton's erkennend, rief er über=
rascht aus: „Ah, welch' ein Zufall! Der Neffe
seiner Excellenz!"

„Sie haben die Ordre meines Oheims recht=
zeitig empfangen, Kapitän, und kommen recht=
zeitig an; ich danke Ihnen. Halten Sie ge=
fälligst die Golden Aera zur Abfahrt nach
Kingston bereit; in fünf Minuten bin ich an
Deck."

Der Kapitän salutirte respektvoll und trat
dann zu den andern Offizieren. „An Bord,
meine Herren!" rief er diesen halblaut ent=
gegen. „Earl of Davon gab mir soeben den
Befehl zur Rückfahrt."

Clarisse sah und hörte das Alles mit an
und sprachlos vor Verwunderung starrte sie in
Linton's ernstes Gesicht, welcher zu ihr gewen=
det fortfuhr: „Einsam und freundlos, wie ich
gekommen, kehre ich nach England zurück. Glän=
zende Puppen mit reichem Vermögen und leeren
Herzen finde ich auch dort genug, die sich glück=
lich schätzen, meinen Namen tragen und meinem
fürstlichen Haushalt vorstehen zu dürfen; allein
mich verlangt es nach einem Herzen. O, es

war ein schöner, verlockender Traum: Clarisse Graham, die Tochter des Senators, liebt den armen Lawrence Linton; sie folgt ihm, wohin er sie führt und wäre es bis an's Ende der Welt und fordert nichts von ihm, als seine Liebe. — Verweht, zertrümmert sind diese Hoffnungen, bald legt sich das weite Meer zwischen uns und nichts bleibt zurück, als eine schmerzliche Erinnerung. Fare well, Clarisse!" — Ohne einen Blick zurückzuwerfen, schritt der Graf von Davon die Treppe hinab und bald verschwand seine hohe stattliche Figur auf dem dunkeln Quai. Nelusco wandte sich wie fragend nach dem Mädchen um, als dieses jedoch regungslos auf dem Vorsprung stehen blieb, folgte er in langsamem Trabe seinem Herrn.

Ein schriller Pfiff fuhr durch die Luft und bald verließ die schlankgebaute „Golden Aera" den neuen Hafen und steuerte nordwärts. Wie ein dumpfer Abschiedsgruß donnerte ein Kanonenschuß über das Wasser, dann lagerte die tiefe feierliche Stille der Nacht über dem Hafen und See; nur zwei dunkle Lichter deuteten, matter und matter werdend, den Kurs der leicht dahingleitenden Fregatte an.

Wie zur Salzsäule geworden blieb Clariffe auf dem einsamen Felsen zurück. Mit weitauf= geriffenen Augen starrte sie in die Ferne, wo die rothen Lichter auf dem Waffer allmählig verlöschten. War das noch dieselbe Welt, in der sie bisher gelebt? Um sie her lagerte die schweigende Nacht. Der Mond strahlte heller als zuvor und. der Himmel zeigte dieselben Sterne, nur die Himmelsdecke ruhte über ihr, wie ein dunkles Gewölbe und sie glaubte, es fänke auf sie nieder und drücke sie mit zermal= mender Schwere zu Boden. Die Feuerpunkte auf dem See jedoch waren erloschen und mit ihnen jede Hoffnung auf eine Wiederkehr. Mit einem Male regte sich ihr Herz, es zitterte vor stürmischer Angst — es bebte vor schreiendem Weh. — Ihre Sinne belebten sich, damit sie wie. mit Blitzesschnelle empfände: Du ruhteft vor einer Minute noch im Schoos des Para= diefes, jetzt ist es untergetaucht — verloren in den fernen Nebeln des Sees.

Ruft ihn zurück, ihr Winde, und sagt ihm,

daß ich ihn liebe! Ruft ihn zurück und sagt ihm, daß Clarisse Linton's Magd sein will! Schreit ihm in's Ohr, daß sie elend wird und sterben muß, wenn er nicht wiederkehrt!

Wie ein aufbrausender Orkan tobten diese Gedanken durch ihr Hirn. Von namenloser Qual, von unnennbarer Angst bestürmt, wollte sie in die Nacht hinausrufen, ob vielleicht ein Ton sein Ohr erreiche; sie öffnete die erblaßten Lippen, ballte krampfhaft die weißen Hände und schrie: es war ein einziger herzzerreißender Schrei, wie ein schriller Wehruf drang er durch die Nacht — und verhallte ungehört. — Nur die Wellen zu ihren Füßen rauschten und die kalte Nachtluft machte sie erschaudern....

Dumpfe Schläge hallten vom Kirchthurme her....

Es war Mitternacht. Der Ton, welcher so langgezogen durch die stille Nacht zitterte, jagte ihr Furcht ein. Hastig lief sie am Kirch=hofe vorüber der Allee zu. Schon war diese erreicht, da hörte sie hoch in den Lüften ein heiseres Geschrei. Das waren die wilden Gänse, jene schwarzen flatternden Wandervögel, welche den weißen Schwan getödtet hatten. Wie von Jurien gejagt, huschte sie an den Bäumen entlang; mühsam erreichte sie den Garten, denn bleierne Furcht lähmte ihre Glieder; endlich setzte sie den Fuß auf die Estrade, da krachte auf einmal ein Schuß durch die Nacht und eine Stimme rief vom See her: „Feiger Schwan, Du fliehst umsonst!" Taumelnd stürzte die Fliehende vorwärts und sank zur Erde mit den Worten: „Er hat mein Herz getroffen!"

„Clarisse! Clarisse, meine liebe gute Clarisse! So komm doch zu Dir! Mein Gott, welche Spukgestalten trieben ihr Wesen mit Dir, daß Du gleich der geisteskranken Lady Macbeth in meine Arme fliegst?"

Clarisse öffnete schüchtern die Augen und schaute in das rosige Antlitz ihrer Freundin, welche eben erst aus dem Concert nach Hause zurückgekehrt war. Verwirrt und zweifelnd be= tastete sie die frischen Wangen derselben und das Haar, welches vom Nachtthau noch ganz feucht war, dann sah sie um sich: Dicht neben ihr stand die Causeuse, in welcher sie geruht und hier flackerte das Kaminfeuer, bei dessen Schein sie eingeschlummert war.

„Welcher Schütze hat Dein Herz getroffen?" frug Rosa kichernd. „Etwa der da?" — Sie deutete nach dem Eingang des Zimmers, wo neben ihrem Vater — Lawrence Linton stand.

„Lawrence!" rief Clarisse und streckte dem geliebten Manne in stillem Jubel ihre Hände entgegen. — So war denn das Alles nur ein schwerer, böser Traum! Lawrence war noch bei ihr und es lag in ihrer Macht, ihn an sich zu fesseln für's ganze Leben? O, wie glückver= heißend war dieser Augenblick für sie! Ein drückender Alp sank allmählig von ihrer Brust. Hochaufathmend ging sie dem jungen Manne entgegen nnd reichte ihm ihre Hand, welche dieser an seine Lippen führte. „Ich habe soeben von Ihnen geträumt, mein Freund," sagte sie, „und Sie waren recht grausam; Sie ver= ließen mich."

„O, Clarisse! wenn Sie mein Scheiden be= dauern könnten, so gehörte uns die schönste Zukunft."

„Was hat denn mein Töchterchen mit dem

jungen Virtuosen für Heimlichkeiten?" fragte Brandes scherzend. „Erst nennst Du ihn bei seinem Vornamen und dann flüsterst Du heimlich mit ihm. Mir scheint, Du sündigst noch à Conto Deiner Träume?!"

„Ich vergaß ganz zu fragen, wie Herr Linton hierhergekommen?" erwiederte Clarisse.

„Das will ich Dir erklären, mein Kind," fuhr Brandes fort. Ich holte Rosa, mit dem Wagen ab, allein die Klatschschwester plauderte noch nach Beendigung des Concertes mit des Sheriff's Töchtern, dann setzten wir Michel an der Thüre seiner Wohnung ab, und als wir eben an den drei Bäumen vorüber fuhren, holten wir den Herrn Concertgeber ein, welcher sich auf dem Wege zu einem nächtlichen Rendezvous befand. Er war ehrlich genug, das einzugestehen, und zum Dank für seine Offenheit nahm ich ihn mit in mein Haus, damit Ihr Euch das, was Ihr zu sagen habt, im warmen Zimmer mittheilt und nicht in der kalten Nachtluft, wo man sich so leicht den Schnupfen holt. „Jetzt komm', Rosa, lassen wir die jungen Leute einen Augenblick allein! Bestelle Du das Souper,

ich will mir's indessen bequem machen und mich
in den Schlafrock werfen." Der Doktor verließ
das Zimmer, doch ehe Rosa ging, nahm diese
ihre Freundin auf die Seite und sagte leise:
„Clarisse, ich weiß kaum, was Du Linton sagen
willst, allein ich ahne, daß er Dich liebt und
auf dem Wege hierher hat er Papa heimlich
Eröffnungen über den Stand seiner Verhältnisse
gemacht. Dieselben müssen sehr befriedigender
Art gewesen sein, denn ich hörte nur, wie Papa
sagte: Unter diesen Umständen, Sir, sollen Sie
an mir einen eifrigen Fürsprecher haben. —
Mußt Du aber dennoch seine Liebe von Dir
weisen, so thue es milde; sei nicht stolz, sei
nicht herb gegen ihn, denn wenn Linton auch
nur ein armer Schauspieler ist, und wenn er
keinen Anspruch auf das Herz einer so stolzen
Lady hat, wie Du bist, so ist er doch — glaube
mir — kein gewöhnlicher Mensch: er fühlt jedes
Leid tiefer als wir beide und liebt Dich gewiß
recht innig; drum sei nicht hart gegen ihn —
ich bitte Dich darum." Rosa drückte bittend die
Hand der Freundin und ging. Die Ermah=
nung, welche sie zurückließ, war ganz über=

flüssig, denn Clarissens Entschluß stand bereits fest. Sie wollte thun, was ein Weib thun muß; sie wollte dem Manne folgen, welchem ihr Herz gehörte.

„Wie lautet mein Urtheil?" fragte Lawrence, als er mit Clarisse allein war.

„Hat mein Herz nicht bereits sein Verdikt abgegeben? — Sie baten mich gestern, ich möge Ihnen vertrauen, Lawrence, und ich will es. Ich lege mein Schicksal in Ihre Hände. Werben Sie bei meinen Eltern um diese Hand, mein Herz gehört Ihnen bereits."

„Clarisse! meine angebetete Clarisse! so giebt es wirklich noch ein Weib, das mich lieben kann um meiner selbst willen?" jubelte Lawrence und schloß das schöne Mädchen trunken vor Freude in seine Arme.

„Sollte jemals ein Weib Deine Liebe ver= rathen haben?" fragte Clarisse verwundert.

„So ist es, meine herrliche Clarisse! und ehe ich die Hand annehme, welche Du mir, dem armen Schauspieler, mit so großem Muthe reichst, muß ich Dir ein kleines Geheimniß ent= hüllen, das seit lange meine Brust beschwerte

und mich mistrauisch und scheu gegen alle Welt
machte. — Mein Vater war Marineoffizier und
gewann in den indischen Gewässern einiges Ver=
mögen, allein er büßte auch seine Gesundheit
ein. Nach dem Tode meiner Mutter verließ er
den Dienst und gründete in Liverpool, gemein=
sam mit meinem in Halifax lebenden Onkel
eine Rhederei, welche bald derart aufblühte,
daß ich mich bei seinem Tode plötzlich im Besitz
eines großen Vermögens befand. Damals
schwärmte ich für alle schönen Künste, besonders
für Musik und Schauspiel. Zu letzterem zog
mich nicht allein die Liebe zur Kunst, sondern
auch zu einer Künstlerin. Sie war ein blen=
dend schönes Weib und ihr zu Liebe betrat ich
die Bretter. Schon wollte ich ihr am Altar
die Hand reichen, da fand diese Hetäre einen
Lord, der ihr mehr Juwelen kaufen konnte, als
ich und sie entfloh."

„Wie mußt Du gelitten haben, armer Law=
rence," flüsterte Clarisse.

„Ja, es war eine schwere Lehre, welche ich
bei der Bühne empfing. Wie mich dies herz=
lose Weib betrogen hatte, so betrogen mich später

meine Freunde. Alle wollten sie mein Geld, ich selbst war ihnen gleichgültig. Enttäuscht und gekränkt verließ ich England und ging nach Halifax. Mein Onkel empfing mich mit großer Freude und wollte mich sofort als Associé in sein Geschäft aufnehmen, allein mich widerte eine Thätigkeit an, für welche ich kein Interesse fühlte und ich schloß mich Macgregor an, vor dessen Talent ich eine hohe Achtung hatte. So kam ich nach C..., wo ich Dich fand, Clarisse, mein seltenes Juwel. Die Katastrophe, welche hier über uns hereinbrach, tödtete den letzten Rest meiner Neigung für die Bühne und ich schrieb meinem Oheim, daß ich Willens sei, mit seiner Hülfe mein Vermögen zu realisiren und mich an den Ufern dieses Sees anzukaufen. Vorgestern erhielt ich den Bescheid, daß er kommende Woche schon mit mir nach England zu reisen gedenke. So habe ich denn die Maske eines armen Schauspielers nicht umsonst getragen; ihr verdanke ich ein edles, opfermuthiges Mädchenherz. — Ich suchte Liebe, die sich giebt um Liebe, und fand sie bei Dir, meine hohe, angebetete Clarisse. O, sei bedankt dafür!"

Linton küßte innig den rothen Mund seiner Geliebten, als plötzlich Rosa die Thüre öffnete und neckisch frug: „Störe ich?"

Clarisse machte sich aus Linton's Armen los und barg an Rosa's Hals ihr erglühendes Gesicht.

„Nun, wie geht's, Herr Linton?" frug der Doktor, welcher fast gleichzeitig eintrat. „Kann ich bei Graham's als Brautwerber auftreten, oder reisen Sie mit einem Korb nach England?"

„Doktor, sie hat Ja gesagt!" jubelte Linton.

„Aha, ich kenne meine Patienten," scherzte Brandes.

„Und nun auf ein Wort, lieber Doktor!"

„Bitte, sprechen Sie dies Wort am Thee= tisch, Herr Musikdirektor," bat die lachende Rosa und geleitete Linton in's Speisezimmer. Als die vier fröhlichen Menschen dort Platz genom= men, bat Linton den Doktor, er möge die Güte haben und sich bis zu seiner Rückkehr nach einer hübschen Farm am Seeufer, wo möglich ganz in der Nähe von E... umthun.

„Ach, das ist prächtig!" rief Rosa und

schwang triumphirend ihre Gabel, welche mit einem großen Stück Braten verziert war. „So werden wir ⌐‾˺ hier wohnen und glücklich sein, wie im Eldorado."

Es war schon spät in der Nacht, als Linton das Haus des Doktors verließ, um wenige Stunden später die weite Reise nach England anzutreten. Clarissens schöne Augen schwammen in Thränen, als Lawrence sie zum letzten Mal in seine Arme schloß, allein ihr Herz war voll des reinsten Glücks, denn sie durfte sagen: „Auf Wiedersehen!"

Ende.